公路工程造价控制管理政策及计价研究

闫秋波　封佩杰
付　巍　张　骞　等◎编著

人民交通出版社股份有限公司
China Communications Press Co.,Ltd.

内 容 提 要

本书立足于公路建设全过程造价监管，提出了适合我国公路建设发展的造价控制管理政策及计价的总体构想，旨在为公路工程造价的合理确定、科学控制和有效监管提供理论指导，最大限度地体现造价计价工作的实用性和指导性。

本书供从事工程造价管理的从业人员学习使用。

图书在版编目(CIP)数据

公路工程造价控制管理政策及计价研究 / 闫秋波等编著. —北京 : 人民交通出版社股份有限公司, 2016.12

ISBN 978-7-114-13555-2

Ⅰ.①公… Ⅱ.①闫… Ⅲ.①道路工程—工程造价—研究 Ⅳ.①U415.13

中国版本图书馆 CIP 数据核字(2016)第 314596 号

Gonglu Gongcheng Zaojia Kongzhi Guanli Zhengce ji Jijia Yanjiu

书　　名：公路工程造价控制管理政策及计价研究
著 作 者：闫秋波　封佩杰　付　巍　张　骞　等
责任编辑：司昌静　周　凯
出版发行：人民交通出版社股份有限公司
地　　址：(100011)北京市朝阳区安定门外外馆斜街 3 号
网　　址：http://www.ccpress.com.cn
销售电话：(010)59757973
总 经 销：人民交通出版社股份有限公司发行部
经　　销：各地新华书店
印　　刷：北京鑫正大印刷有限公司
开　　本：787×960　1/16
印　　张：5.5
字　　数：98 千
版　　次：2016 年 12 月　第 1 版
印　　次：2016 年 12 月　第 1 次印刷
书　　号：ISBN 978-7-114-13555-2
定　　价：25.00 元
(有印刷、装订质量问题的图书由本公司负责调换)

本书编委会

主　　任：闫秋波

副 主 任：封佩杰　付　巍　张　骞

委　　员：刘　莉　王野尘　李　琳　张丽岩

赵　静　王广宇　高　晶　高　嵩

李　箴　陈绍莹　李俊龙　费　奎

李晓军　王　珏　田　野　张立辉

姜海洋　张　银

前言

本书立足于公路建设全过程造价监管，提出了适合我国公路建设发展的造价控制管理政策及计价的总体构想，旨在为公路工程造价的合理确定、科学控制和有效监管提供理论指导，最大限度地体现造价计价工作的实用性和指导性。

本书依托公路工程造价控制管理政策及计价研究课题，在交通运输部历时两年组织开展的“全国公路工程造价管理工作调研”基础上，经过广泛调查分析、专家论证和反复修改编纂完成。为交通运输部制订、颁布的《公路工程造价管理暂行办法》（交通运输部令2016年第67号）、《公路工程造价类标准框架》提供了决策依据和理论支撑。

编写人员经过一年多的努力，使得本书与读者见面。在编写过程中，交通运输部公路局、交通运输部西部交通建设科技项目管理中心、交通运输部路网监测与应急处置中心、各省（自治区、直辖市）造价管理部门、吉林省交通运输厅相关部门、各位专家、参考文献的作者给予了大力支持与帮助，在这里一并致谢！

我们深知，公路造价控制管理及计价的研究还涉及更深层次的内容，更需与时俱进地加以研究和完善，希望同仁不吝赐教与我们共同研讨，以提高公路工程造价计价管理水平。本书的理论探索与工程实践肤浅，难免存在各种不足和纰漏，敬请读者批评指正。

本书编委会

2016年10月

目录

第一章　公路工程造价控制管理政策及计价标准概述

本书依托于吉林省交通工程造价管理站独立承担的《公路工程造价控制管理政策及计价研究》课题研究项目，在交通运输部历时两年组织开展的“全国公路工程造价管理工作调研”的基础上，通过在行业内广泛调研、征求意见等研究论证，立足于公路建设全过程造价监管，重点在涉及造价控制管理政策及计价等诸多方面研究建立造价监管机制和计价依据，提出适合公路建设发展的造价控制管理政策及计价的总体构想，从政策和技术两个方面阐述解决问题的措施和对策，实现公路工程造价的合理确定、科学控制和有效监管，是交通运输行业制订规章制度的理论依据。

本书具有较强的创新性和实用性，从全国造价行业的角度全面地考虑了今后的管理需求，满足了全国层面的造价政策和技术两个方面的工作需要，有效地解决了因部级层面公路工程造价管理法律法规缺失，造成的造价管理责任不明确、造价标准体系不完善、造价监管机制不健全、执业管理不规范等问题。并首次提出《公路工程造价类标准框架》，填补了造价技术和标准空白，为公路工程标准体系的完善提供了依据。本书系统地提出了造价管理制度的主要内容，为交通运输部制订《公路工程造价管理办法》提供理论支撑。《公路工程造价管理办法》作为行业纲领性文件，对指导造价管理的各项工作，为各省（自治区、直辖市）制订部门规章提供了强有力的技术依据。

第一节　开展公路工程造价管理的必要性

一、研究的背景

改革开放以来，全国各级交通运输部门贯彻中央实施的积极财政政策和扩大内需的方针，加大了交通基础设施投入尤其是公路建设的投入，公路建设事业取得了长足的发展。截至“十二五”末，我国公路总里程 457.73 万 km，其中高速公路里程 12.35 万 km,“7918”国家高速公路网基本建成。“十二五”期间完成交通固定资产投资超过 12.5 万亿元。

在国家财政投入相对有限,交通需求不断增长和资源相对短缺的刚性约束下,走节约型发展道路是公路行业的主方向。提高投资效益,确保资金的安全合理使用,建立完善的造价政策及计价体系,已成为科学发展的必然要求。

2011 年 3 月—2013 年 1 月,交通运输部在全国 31 个省(自治区、直辖市)开展了“公路工程造价管理工作调研”,对我国公路造价管理进行了全面摸底和深入分析后提出:亟待建立健全公路工程造价管理法规制度、标准体系和监督机制,实现依法管价、科学计价、合理定价、阳光造价,推行造价信息公开制度,提升公路发展社会、经济效益的总体目标。

2012 年 12 月,交通运输部组织全国造价专家赴美国进行了造价监管培训,通过研讨交流和分析大量翔实的基础数据,从多方面对美国公路造价进行了认真细致的研究,在分析中美异同和可借鉴之处的基础上,提出了完善中国公路造价管理的建议。

以上调研为本课题的研究和建立提供了较完善的前期工作基础。

二、研究的必要性

在各级交通运输主管部门的逐年重视下,公路工程造价管理,由弱到强,从分散到集中,从粗放到专业。这些成绩的取得,为造价的合理控制作出了贡献。据统计,截至 2012 年年末,各省累计出台相关制度 195 件;21 个省(自治区、直辖市)制订了造价文件编制办法补充规定;26 个省(自治区、直辖市)开展了材料价格信息的采集和发布;13 个省(自治区、直辖市)开发了造价数据库;“十一五”期间,各省累计发布公路工程预算补充定额 1741 项,造价审查核减比例约 3%,节约公路建设资金约 1200 亿元。

但从全国造价管理工作调研的情况看,从中央到地方都还存在诸多深层次的问题需要分析、解决。公路造价逐年增长较快,各省(自治区、直辖市)造价水平差异大,“三超”情况较为严重,造价主要环节监管不到位,有造价失真、管理失控的风险。究其原因,有历史形成的认识上的缺位、管理制度和方法缺失、管理责任不明确、计价标准不完善,以及管理机构不健全等原因。

公路从本质上讲属于公共产品的范畴,造价承担着公路行业与社会公众利益衔接的功能。加强公路工程造价监督管理,是降低行路人经济负担,提高人民幸福生活指数和维护社会公共利益的需要;是合理控制公路建设成本,提高投资效益,推动社会经济发展的需要;是规范权力运行,树立交通行业良好形象,提升行业影响力的需要。

因此,建立适应市场经济发展与公路投资和建设模式的造价管理法规制度、标准体系、监督机制,是目前亟待研究的关键问题。

第二节　公路工程造价管理现状、存在问题和发展需求

一、国外现状

(一)日本、英国等国家公路造价管理现状及经验

(1)严格的财政监管体制确保公路造价得到较好控制。政府对动用财政资源投资的工程均有制度化造价控制程序。这种控制主要通过两方面实现:一是独立于政府之外的监督机构对财政投资进行监管;二是政府部门内部对财政资金同样进行监管,保证了造价的合理控制。

(2)造价管理机构设置不一,但管理部门内部大多配有专职的估价技术人员。公路造价管理机构:日本国土交通省公路局内设公路造价管理部门,相关职能部门拥有造价人员。

(3)行业主管部门建立了完善的造价信息管理制度和公路造价数据库。在公路造价信息管理方面,各国十分重视公路造价信息的发布及公路造价数据库的建设,尽可能确保公路造价贴近市场真实价格。

(4)管理依据制定、发布。日本政府委托财团法人建设物价点差会和经济调查会及社团法人发布计价依据;英国土木工程师学会编制《土木工程工程量标准计算规则》。日本有定额(步褂),英国无定额。日本在设计阶段估价借助公路造价数据库,标的编制主要借助于定额(步褂);英国估价则都是依靠公路数据库。

(5)从业人员资质。各国家有一定的差异,英国有工料测量师从事公路造价管理工作;日本没有专业公路造价人士,公路造价编制等人员来自设计、合同管理等领域。

(二)美国公路造价监管经验借鉴

交通运输部公路局2012年组织赴美公路造价监管培训团,进行了公路工程造价监管专题学习。

(1)完善的公路造价管理法律法规。

美国国会通过的公路造价监管法律、法规:《美国联邦政府法23号》、《迈向21

世纪公路法案》(MPA)明确对公路建设、养护、运营各阶段联邦与各州的造价监管职责,并对环保、安全、工程变更、资金分配比例及调整方式等作了规定。联邦公路局有《主要项目计划造价概预算指南》《价值工程指南》等。各州交通厅有《公路项目概预算指南》。

(2)严格监管制衡体制,确保公路造价得到有效控制。美国政府投资项目监管分为国会、交通部门和公众监管三个层次。

(3)造价信息公开透明、适时发布,充分发挥社会监督作用,保障公民、纳税人的知情权与监督权。

注重公路造价数据库的建设和信息积累,数据库更新快,具有时效性、市场性、公开性的特点。发布造价数据库,为造价控制打下良好的计价基础。

(4)价值工程和全寿命周期的理念,有利于提高公路造价管理水平。

价值工程,是以最低的总成本,可靠地实现产品必要的功能,提高价值的、科学的技术经济分析方法。美国公路在保证实现功能的前提下,在工程项目设计和施工阶段,自愿或强制规定承包商必须采用价值工程技术,提倡全寿命周期的管理理念。

二、国内其他行业现状

(一)住房和城乡建设部的工程造价管理

住房和城乡建设部(以下简称住建部)是负责建设行政管理的国务院组成部门。工程造价管理有两个层面:一方面是全国范围内的工程造价管理;另一方面是住建部部管行业的工程造价管理。各省(自治区、直辖市)建设行政主管部门负责所管辖区的工程造价管理工作,具体业务由各级建设行政主管部门的工程造价管理机构负责。

原建设部已经制定的规章有:

(1)《基本建设财务规则》(财政部令第 81 号)。

(2)《工程造价咨询企业管理办法》(建设部令第 149 号)。

(3)《注册造价工程师管理办法》(建设部令第 150 号)。

住建部制订的有《建筑工程施工发包与承包计价管理办法》(住房和城乡建设部令第 16 号)。

住建部的工程计价标准主要包括部管行业的全国统一经济定额规范、部管行业的地方计价标准和定额,住建部通常每 5 年对全国统一经济定额组织一次修编,作为地方定额标准制订的基础和工程计价依据。地方的计价标准和定额通常 4 ~ 5

年修订一次，并根据新技术、新材料、新工艺发展情况和政策变化情况随时编制和发布补充规定和补充定额。

住建部按照统一规划、分步实施、归口管理、分工负责的原则，通过国家、行业和地区设立的建设工程造价信息化平台发布工程造价信息。目前，中国建设工程造价信息平台已运行近5年，已达到发布全国各地相关行业的工程造价政务信息、计价依据信息、按期发布人工成本信息和住宅建安造价指标的目的。

住建部依据《工程造价咨询企业管理办法》和《造价工程师注册管理办法》，对工程造价咨询企业资质和造价工程师资格进行管理。

住建部在市场条件下建立政府宏观调控，在形成工程造价机制、加强工程造价法律法规建设、建立工程造价信息化管理和规范工程造价咨询业的管理等方面，取得了显著的成绩。但目前由于工程造价管理的法律、法规不够健全，尚未形成体系，上行法律缺失，滞后于工程造价管理的发展要求，国有投资项目的工程造价管理和监督制度有待完善，制定的《工程造价咨询企业管理办法》和《造价工程师注册管理办法》在按行业分专业准入管理方面还需进一步细化完善。

（二）原铁道部的造价管理

原铁道部是我国铁路系统发展计划、投资、建设和运营全面管理的国务院行政组成部门。对国家铁路实行高度集中、统一指挥，对地方铁路、专用铁路和铁路专用线进行指导、协调、监督。

原铁道部的铁路基本建设项目造价管理相关制度主要有：

(1)《铁路基本建设项目投资控制管理办法》(铁计[2007]97 号)。

(2)《铁路基本建设计划管理办法》(铁计[2005]236 号)。

(3)《铁路基本建设资金管理办法》(铁财[2005]30 号)。

(4)《铁路基本建设工程招标降造费用使用暂行规定》(铁建设[2000]82 号)。

(5)《铁路基本建设项目竣工财务决算编制和资产交付办法》(铁财[2008]250)。

(6)《铁路工程建设概预算定额管理办法》(铁道部[85]基技字 368 号)。

另外，还有国家铁路局发布的《铁路工程造价标准管理办法》(国科铁法[2014]31 号，中国铁路总公司发布的《铁路建设项目验工计价办法》(铁总建设[2014]298 号)。

铁路工程投资(预)估算、设计概(预)算等编制办法保持相对稳定。一般5年全面修订一次，补充工程定额一般每年补充制订或修订一次，补充单价根据需要随时编制。主要材料设备价格信息等每季度发布一次。人工费标准及其他工程造价标准根据国家有关规定和铁路工程实际情况适时制订或修订。

铁路部门的铁路工程造价管理咨询企业及人员资质资格管理采用原建设部的统一规定，但在项目实施过程中，铁路造价管理的相关制度中对造价从业资格及继续教育和培训并未严格要求。

我国的铁路行业没有像其他行业那样进行完全的市场化改革，因此铁路工程的造价管理保留了较强的计划体制的特征，当前铁路工程造价的管理机构和制度规定等均与此相适应。

（三）水利部的造价管理

水利部对水利工程造价实行分级管理，负责指导全国水利工程造价管理工作，各流域机构负责承担本流域内水利工程造价管理工作，各省水利行政主管部门承担本行政区域内水利工程造价管理工作。

水利部造价管理的相关制度主要有：

（1）《水利工程造价管理暂行规定》（水建管［1999］488 号）。

（2）《水利基本建设投资计划管理暂行办法》（水规计［2003］344 号）。

（3）《水利基本建设项目稽查暂行办法》（水利部令第 11 号）。

（4）《水利工程设计概（估）算编制规定》（水总［2014］429 号）。

（5）《水利基本建设竣工决算审计暂行办法》（水监［2002］370 号）。

（6）地方水利工程造价管理的相关制度。如《江苏省水利建设工程造价管理办法》（苏水规［2015］7 号）、《陕西省水利工程造价管理办法》（陕水发［2009］34 号）。

水利部水利工程定额标准，一般 10 年修订一次，补充定额及规定则根据需要随时编制。

水利部对水利工程的造价咨询企业和造价从业人员有严格的执业准入和持证上岗制度。

水利部的工程造价管理有专门的行业造价管理规章制度，对建设项目工程造价进行全过程的管理，各级部门职责及分工明确，管理较为规范。工程造价管理没有专门的门户网站和信息化管理平台，造价管理信息化工作的空白有待填补。

（四）工业和信息化部所辖行业的工程造价管理

工业和信息化部是 2008 年大部制改革中新成立的国务院组成部门，职能是对工业行业和信息化建设进行宏观指导、调控，工业和信息化部延续了原信息产业部的职能。在通信建设工程和电子建设工程造价管理方面的职能，主要是组织指导和监督工程定额和计费标准的制定和实施，以及对相应的专业造价人员和造价咨询企业的资质资格管理工作。

由于工业和信息化部是新成立的部门，工业和信息化部目前所辖行业多达18个，除通信和电子工程行业外，工业与信息化部对这些行业的建设并未直接进行管理，各行业的工程造价分别按照机构改革的沿革归属于不同的主体管理。比如，有的归发改委能源局、有的归国资委、有的归行业协会。工业和信息化部要实现对其他所辖行业的工程造价标准和造价的审批、核准等职能还需要一个渐进的过程。

（五）中国电力、石油部门的造价管理

电力、石油部门造价管理的相关制度主要有：

(1)《中国电力投资集团公司水电工程控制造价管理办法》(中电投内规[2004]48号)。

(2)《中国石油天然气股份有限公司关于严格控制工程投资和加强工程造价管理工作的暂行规定》(石油计字[2000]第130号)。

(3)《中国石油华北油田建设工程造价管理办法》。

三、公路行业现状及存在问题

（一）造价管理职责方面

交通运输部公路工程造价管理由部公路局归口管理，部路网监测与应急处置中心(以下简称“路网中心”)承担具体工作，部综合规划司、部职业资格中心根据其分工参与部分业务。省(自治区、直辖市)级层面交通运输主管部门设置了直属造价机构，承担各省(自治区、直辖市)交通运输部门授权的造价审查、过程监管、计价依据制订、从业人员考评等行政管理职责，开展了大量富有成效的工作，为加强公路造价控制、推进公路交通事业发展提供了有效的经济支撑和技术保障。但也存在一些问题，如交通运输部和部分省(自治区、直辖市)、地市级专职造价管理机构体系不健全，缺乏系统、统一的管理标准和有效监督；行业主管部门管理责任不明确，管理职能分散，专职造价机构的工作深度与经费不足；公路建设各方控制责任缺失。

（二）造价确定与控制方面

一直以来，公路建设项目的前期工程造价实行审批制度，这对科学确定和有效控制前期工程造价效果显著。但随着公路基础设施特别是高速公路投资加大，公

路工程造价特别是高速公路造价增长过快，虚高虚假造价一定程度上存在，“三超”（概算超估算、预算超概算、决算超预算）情况较为严重，大部分项目没有编制和认定竣工决算。造价管理政出多门，分段、分散管理状况严重，造价管理责任不清。

（三）造价监督方面

交通运输主管部门作为造价监督主体，缺乏有效的监管手段，对中后期造价行为和造价从业人员监管不到位，阴阳合同、违规补偿、虚假计价、先斩后奏等行为相当程度上存在，这是造价“三超”特别是决算超概算现象比较严重的主要原因。

个别省（自治区、直辖市）交通运输主管部门已推行专项造价监督制度，效果很好，一定程度上避免了工程实施、工程结算环节违规等违法行为发生，维护了交通运输行业良好的社会形象。

（四）造价信息管理方面

造价审批、公路收费年限及标准核定等信息不透明、社会监督不足，是造价管理公信力降低的根本原因。公众对关系切身利益的公路造价信息了解愿望迫切，但造价信息公开的公路工程建设项目寥寥无几。加之涉及公路造价的违法行为不时曝光，期望与失望交织下，公路造价管理的公信力受到质疑。

（五）执业管理方面

公路造价资质资格管理体系缺失、力度不足，缺乏管理和引导。咨询市场缺乏有效管理，从业单位存在管理空白，执业人员管理未有效开展。造价专业人才不足，资源分配不均衡，无证从业较普遍，无法满足现阶段公路造价工作需要。我国公路造价工程师从业人员持证率严重不足，面对日益增长的人才需求和市场从业现状，缺少客观、可操作的办法。

（六）造价计价标准方面

交通运输部一直重视造价计价标准体系建设，发布了《公路工程基本建设项目投资估算编制办法》等一系列计价标准或管理办法，一定程度上为各阶段合理确定工程造价提供了依据，但修编不够及时、更新慢。同时，总体来说偏重于前期阶段的定额计价模式，与公路工程建设实施过程中采用公开招标、竞争性市场计价方式的衔接还不顺畅，且缺乏公路养护工程的计价体系，尚未建立运营费用的计价体系。

四、发展的需求

（一）造价管理职责方面

公路属于公共产品，是需要巨额建设资金的重要公益性基础设施，具有社会公益性。各级交通运输部门代表政府行使行政职能，是公路主要投资者，并承担建设管理及造价管理的监督责任。从提高建设管理水平和投资效益、科学造价的角度出发，其具体工作应由不带营利性质的专业技术机构和专业队伍承担，并明确职责，完整、系统地负责公路造价全过程管理。

在造价管理各个环节，应明确分工和责任落实。实行政府监督、市场调节、建设单位负责、设计单位控制的管理体系。突出权限管理和过程控制，提高造价管理工作水平，提高公共投资效益。

（二）造价确定与控制方面

造价的确定与控制是造价管理的核心内容，对科学合理确定和规范有序控制公路工程造价、实现造价的全过程管理非常必要。应明确造价管理各环节分工和责任，解决公路工程造价责任不清、主体不明的问题。具体规定公路工程造价管理实行政府监督、市场调节、建设单位负责、设计单位控制的管理体系。明确自立项至竣工验收全过程的造价约束和控制的关系。如何根据法律、法规等规定对公路工程项目投资估算、设计概算、施工图预算、招标计价、控制价、合同管理、设计变更、竣工决算、养护、营运等各个环节的编制、审查（核）、审批、认定在程序和原则上进行明确。

（三）造价监督方面

监督作为管理的一种重要手段，对规范从业单位和个人的造价行为，对发现、纠正、遏制违法违规造价行为起到重要的保障作用。造价监督应明确监管主体、方式和内容，解决公路工程造价监管机制不健全、监管不到位的问题。要使监管程序涵盖各环节（初步设计前、施工过程中、竣工验收时），掌握工程建设全过程造价情况，以便及时协调发现解决工程的造价问题，组织考核评价，真正落实“事前预控，事中管控，事后考核”的管理原则。

（四）造价信息方面

造价信息管理是造价管理的基本工作和重要手段，建立并不断完善历史造价数据的积累制度，有利于合理控制造价、更好地服务政府和社会。造价信息公开，一方面促进公民知晓并参与监督，另一方面又能够有效预防腐败。“阳光”是最好的防腐剂，引进公众和社会对公路工程造价管理工作的监督，是最经济、最有效、最直接的监督方式，无论是从促进公平公正，打造“阳光造价”的角度，还是从提升造价管理质量的需要，都有必要将公路工程造价信息向社会公开，接受社会监督。应加强造价信息管理和工程造价资料积累，明确造价信息应实行统一规范、分级管理，建立实施造价信息制度。

（五）执业管理方面

造价执业管理是行业发展的刚性需求。日益增长的人才需求和市场从业无序现状，要求政府加强规范，建立健全规范的持证上岗、注册管理、登记备案及信用管理等制度。建立规范、有序的咨询市场。加强政策引导，理顺市场竞争关系和人员水平良莠不齐的现状，打造良好的从业秩序。造价执业管理也是行业监管职责的需要。发挥政府职能，以对市场公平和公众负责的态度，加强从业单位与人员管理，通过信用评价的手段间接调控市场，强化管理和风险防范。

（六）造价计价标准方面

公路工程造价计价标准是公路工程造价管理的基础，是政府进行项目投资控制的有效工具，也是公路工程造价管理的重要内容之一。公路工程造价计价标准应实行分级管理，应弥补造价计价标准制订和修订主体不明确、缺乏科学规划和长效机制及适用范围不清等管理制度缺失；改变造价类标准体系缺失，造价类标准少，不能满足全过程造价管理的需要。交通运输主管部门，应建立造价计价标准制订的制度，并积极争取政府财政性投入，建立持续稳定的造价标准化经费保障机制，争取多方参与造价计价标准的制订工作。

第三节　公路工程造价控制管理及计价的研究内容和目标

一、研究的内容

通过对公路工程造价控制管理政策及计价现状的调查，查找问题、分析原因，认清公路工程造价管理的形势和需求，提出总体思路和目标，研究措施方法，对公路工程造价控制管理及计价提出具体建议，为交通运输部制订发布全国《公路工程造价管理办法》《公路工程造价类标准框架》提供理论依据。

(一)公路工程造价监督管理(重点、难点)

公路工程造价监督管理机制包括监督管理制度和措施。健全的监管制度是规范造价管理、合理确定和有效控制造价的基础。完善的公路工程造价监管措施是有效落实造价管理制度政策的重要保障,也是建立全面、健康、可持续发展的公路工程造价管理的需要。目前,我国公路工程造价监管方面存在诸多深层次的问题需要分析、解决。这些问题也是实施造价监管的难点所在,主要表现在以下几个方面:

(1)监管制度缺失,造成监管不到位。到目前为止,国家层面还没有相关的法规以及统领造价行业的纲领性部门规章、规范性文件,管理行为缺乏上位法支持,“依法管价”缺乏法律依据。

(2)造价管理定位不清,对加强造价管理必要性认识不足。长期以来,无论是各级交通运输主管部门,还是公路建设各方,普遍存在“重质量、保安全、抓工期、轻造价”的观念。行业主管部门,关注项目开工完工,忽视投资大小;建设单位,关注追求精品工程,希望做大概算;设计单位,关注获得设计任务,忽视投入产出效益;施工单位,关注工程顺利实施,谋求企业最大利润。这体现了长期以来由于造价管理定位不清、责任不明确、控制主体缺位,造成的忽视造价管理工作。

(3)监管责任不明确,造成重要环节监管不到位。造价监管无论是从国家,还是省(自治区、直辖市)级层面,其监管职能涉及多个政府部门,存在相互交叉,从估算核准、概算审批、招标价核备、决算认定,各造价控制环节监管机制差异较大,监管责任不明确,监管力度不足。目前,没有相应的制度、手段、措施明确建设、设计、监理、施工等建设各方的造价管控责任,对公路施工、交竣工阶段造价监管缺失,建设中后期造价监管失控,是导致“三超”情况出现的主要原因。

(4)机构设置不健全,造成监管力度不够。相比住建、水利等部门均设有其部属专职造价管理机构而言,交通运输部未设有专职公路工程造价管理机构。专职机构的缺失,在一定程度上影响了交通运输部造价监管职能的履行。

(5)没有明确造价管理是否为公路基本建设程序的主要组成部分。基本建设程序环节未明确造价管理,无造价监管环节,对从业企业和人员的约束力不强。由于相关行业间资质资格机制不顺,社会认同度较低,加之企业资质一直由住建部核发,导致公路造价资质资格管理弱化和缺失,全国持证上岗制度、继续教育制度及信用管理体系并未建立,从业人员业务水平参差不齐。

(6)通过研究,建议交通运输部尽快组织制订《公路工程造价管理办法》,建立公路工程造价监管制度，统领行业监管规章，提出上位法调整建议。《公路工程造价管理办法》定位为交通运输部门规章，作为公路工程造价管理的纲领性文件，以解决长期以来公路造价管理无法可依、无章可循的不利局面。从公路工程造价管理的内涵入手，建立监管制度，明确责任，实行政府监督、设计控制、监理监控、法人负责的多级管理责任体系。提出完善公路工程造价监管机制体系的建议，明确造价管理为基本建设程序重要组成部分，实行全过程造价监管。

（二）公路工程造价类标准框架的建立（重点问题）

公路工程造价类标准是公路工程计价依据的重要组成部分，也是交通运输行业标准中公路工程标准的一个分支。目前，《公路工程标准体系》（JTG A01—2002）中包括综合、基础、勘测、设计、检测、施工、监理、养护与管理八类标准，部颁的《公路工程基本建设项目概算预算编制办法》（JTG B06—2007）、《公路工程预算定额》（JTG/T B06-02—2007）等现行造价文件中涉及的标准是列入基础类中的。公路工程标准体系中缺少公路工程造价类标准，且造价类标准少、覆盖面窄，不能满足公路工程计价的需要和全过程造价管理的需求。造价类标准间界面不清，造价类地方标准缺失导致标准执行力不足，制订、修订和管理不及时不规范。

交通运输部拟对《公路工程标准体系》（JTG A01—2002）进行修订，增加造价类标准，推进公路工程造价标准化工作。本书通过对公路工程造价标准的收集整理，深入了解公路各相关单位对造价标准的使用情况及需求，研究分析公路造价标准方面的现状及其发展趋势，制订公路工程造价类标准体系框架，为交通运输部修订《公路工程标准体系》（JTG A01—2002）提供借鉴。

（三）研究公路工程计价依据的制订、修订及管理（重点问题）

公路工程计价依据是公路工程造价管理的重要内容之一。目前，计价依据存在以下问题：一是部属专职造价机构缺失和法规不健全，导致公路工程造价计价依据制订主体不明确，计价依据政出多门、相互脱节；二是计价依据的测定、编制、修订缺乏长效机制和科学规划，造成适用性不强；三是对新工艺、新技术等“四新”计价定额增补不及时，影响工程造价的准确核定；四是全国没有建立统一、完整、科学的计价依据的制订方法，影响计价依据精度的准确性和一致性；五是计价依据基础数据的采集、积累缺少制度支持，影响计价依据的修订周期、编制质量。

本书将通过对计价依据现状的研究，提出计价依据制订主体、方法、周期及其管理的建议。在全国公路工程计价标准编制调研的基础上，结合公路工程计价需求，研究制订准确、高效、科学的计价依据编制方法，为今后的计价依据编制提供参考;分析影响计价依据修订周期的因素,研究计价依据修订周期性与应急性的关系,探讨解决计价依据稳定性和时效性的方式、方法;研究计价依据管理方法、手段、机制建立等问题。

二、研究的目标

(一)具体考核研究目标

(1)评估现阶段我国公路工程造价管理成效与问题,总结影响公路工程造价控制管理的原因。

(2)提出交通运输部拟制订《公路工程造价管理办法》框架及造价监管和计价依据两章建议稿主要内容。

(3)建立公路全过程造价监管机制的具体监管制度和措施。

(4)建立适应市场经济发展与公路投资和建设的计价依据,制订、修订的程序、周期和方法。

(5)提出《公路工程造价类标准框架》。

(二)拟达到的目标效果

(1)建立和完善公路建设造价政策和计价标准方案,使公路造价控制管理有法可依,有章可循。

(2)公路工程造价"三超"情况得到有效控制。

(3)为工程建设资金合理利用提供计价指导,使其能够反映实际市场价格水平。

(4)为交通主管部门提供决策依据,为交通运输部制订《公路工程造价管理办法》提供理论支撑。

(5)为交通运输部修订《公路工程标准体系》(JTG A01—2002)提供依据和支撑。

(三)政策建议

加快制订发布《公路工程造价管理办法》《公路工程造价类标准框架》。

第四节 小 结

本章介绍了公路工程造价控制管理政策及计价研究的背景及必要性,分析了当前造价管理方面现状、存在问题及发展需求,并提出了研究的内容及目标。

第二章　公路工程造价的监督与管理

公路工程造价监督管理包括监督管理制度和措施。健全的监管制度是规范造价管理、合理确定和有效控制造价的基础。完善的公路工程造价监管措施是有效落实造价管理制度政策的重要保障,也是建立全面、健康、可持续发展的公路工程造价管理的需要。

目前,我国公路工程造价监管方面存在诸多深层次的问题,需要分析、解决。这些问题也是实施造价监管的难点所在。主要有以下几方面:一是监管制度缺失,造成监管不到位,“依法管价”缺乏依据;二是造价管理定位不清,对加强造价管理必要性认识不足,造成大家忽视造价管理工作;三是监管责任不明确,造成重要环节监管不到位;四是机构设置不力,造成监管力度不足;五是没有明确造价管理是否是公路基本建设程序的主要组成部分,造成资质资格管理弱化和缺失,全国持证上岗制度、继续教育制度及信用管理体系并未建立,造价从业人员业务水平参差不齐。

通过对公路工程造价监督管理现状及问题的分析研究,建立公路工程造价监管制度和统领行业监管规章是非常必要的。从公路工程造价管理的内涵入手,应建立监管制度,明确责任,实行政府监督、市场调节、建设单位负责、设计单位控制的多级管理责任体系。提出完善公路工程造价监管机制体系,明确造价管理为基本建设程序重要组成部分,实行全过程造价监管。

第一节　公路工程造价监管制度的建立

一、目前存在的问题及原因

《全国公路工程造价管理工作调研报告》指出,管理制度和机构缺失,是造成造价监管不到位的主要原因。具体体现为,统领行业的纲领性造价管理规章的缺失,造成下级行业管理部门无所适从、管理职能逐渐遭削弱,严重制约了造价管理职能的发挥。由于上位法缺失,交通运输部门对公路造价监管缺乏引导、缺少规范，造成各地各自为政，呈现“自发”监管状态；其次，公路造价实行多部门管理，各部门之间尚未形成协调机制，没有明确造价管理是否是项目基本建设程序的重要组成部分。主要监管环节缺失，只重前期审批，中后期监管失控，导致造价“三超”现象频繁发生；再次，对从业队伍管理不力，造成计价不规范行为普遍存在；最后，造价信息管理及信息公开制度的缺乏，既不利于造价基础性工作的开展，又阻塞了社会监督的渠道。

二、采取的措施及建议

通过问题及原因的分析，可以明确，按照政府职能转变的要求，建立健全造价监管制度，提供造价监管法律法规依据，奠定规范造价管理、合理确定和有效控制工程造价的基础，做好市场监管和公共服务，是十分必要亦是十分紧迫的。从目前国家改革发展的状况看，尽快制订发布《公路工程造价管理办法》，其定位为交通运输部部门规章，作为公路工程造价管理的纲领性文件，为造价监督提供制度及法规的依据，是最立竿见影的方法。

具体措施及建议：

(1)《公路工程造价管理方法》中尽量包括监管的目的、范围、原则，监管的机构、职责及责任，监管的内容及方法等。以明确造价监管的定位、确定造价监督的主体、明确造价监管的分工和责任、明晰造价监管的内容和方法。

(2)《公路工程造价管理方法》中明确造价管理是项目基本建设程序的重要组成部分。造价监管贯穿于基本建设程序全过程，弥补只重视前期不重视中后期，尤其忽视竣工决算阶段监管的弊端。

(3)《公路工程造价管理方法》中明确决算认定报告是竣工验收报告的重要组成部分。强化对竣工决算阶段的造价监管。

(4)《公路工程造价管理方法》中明确交通运输主管部门制订监督计划、开展监督检查、考核评价的工作，形成年度监督报告，并向社会通报。

(5)将公路造价从业单位和个人的执业和信用评价作为造价监管的一项内容，确保对公路建设市场造价从业单位和人员有效监管。

(6)《公路工程造价管理方法》中明确造价信息管理及信息公开的规定，细化分工和责任以及内容等。通过不断完善历史造价数据的积累、分析，为合理控制造价服务；通过信息公开，引进公众和社会监督，增强造价监管透明度，打造“阳光造价”。

《公路工程造价管理办法》作为公路工程造价管理的纲领性文件，不适宜面面俱到、事无巨细，因此关于以上提及的造价监管方面的建议，可以做原则性的规定，在《公路工程造价管理方法》试行或实施阶段，视情况进一步补充，也可以单独制订《公路工程造价监督管理办法》《公路工程造价监督信息公开制度》，丰富、完善造价监管制度的建设。

第二节　全过程造价监管措施的建立

一、造价监管的目的、原则、机构、职责与范围

（一）监管目的

全过程造价监管是管理的重要手段，规范从业单位和个人的造价行为，实现依法管价、科学定价、合理造价，提高投资效益，实现公众利益最大化。

（二）监管原则

事前预控，事中管控，事后考核的原则。

（三）监管主体及机构

交通运输主管部门是造价管理的监管主体，所属的公路工程造价管理机构行使具体职能。

（四）监管职责

制订年度监督计划和方案，开展监督检查、考核评价，形成年度造价监督报告，并向社会通报。

（五）监管范围

掌握工程建设全过程造价情况，监管程序涵盖初步设计前、施工过程中、竣工验收等各环节。

二、造价监管的环节、内容及目标、参建各方责任、程序与手段

（一）监管的环节

公路建设项目投资实行五阶段控制，即前期立项阶段、设计阶段、招标阶段、施工阶段、交（竣）工验收阶段。造价监督管理的主要环节：立项阶段的工程可行性

研究报告投资估算;设计阶段的初步设计概算、施工图设计预算;招标阶段招标标底、控制价、合同价;工程施工阶段计量支付、设计变更及台账管理;交(竣)工验收阶段工程决算。

(二)监管的内容及目标

造价监督管理应贯穿立项阶段、设计阶段、招标阶段、工程实施阶段、交(竣)工验收阶段整个建设项目的全过程,在建设项目的各个阶段应有效掌握造价变化趋势和造价增减原因,以便能够合理确定和有效控制工程造价。

(1)立项阶段。

①内容:工程可行性研究报告投资估算的编制质量,应和建设规模相适应,应按国家和省内有关规定进行编制。

②目标:合理确定投资,不留缺口。

(2)设计阶段:包括初步设计和施工图设计阶段。

①内容:初步设计对工程可行性研究报告批复的执行情况和施工图设计对初步设计批复的执行情况。初步设计概算、施工图预算编制依据应具有合法性、时效性、适用范围的正确性和合理性,符合国家有关的方针、政策和制度执行情况。设计概算、预算的编制质量,应完整地、准确地反映项目设计的内容,应实事求是地根据工程所在地的建设条件(包括自然条件、施工条件等影响造价的各种因素),按有关的依据性资料编制工程概算、预算,确保概算、预算的编制深度和编制范围。

②目标:初步设计概算应当控制在已批准的投资估算允许调整的限额范围内。经批准的概算是项目投资控制的最高限额,未经批准不得突破。施工图预算应当控制在经批准的概算之内。

(3)招标阶段。

①内容:招标文件涉及造价方面合同条款应符合国家和省级交通运输行政主管部门的有关规定。招标阶段施工招标的标底价(指导价)、招标控制价上限的编制应真实、有效。编制情况应符合国家和省级交通运输行政主管部门的有关规定,应按工程招标投标文件订立施工合同价。实行招标的公路工程,建议采用工程量清单方式计价、清单编制。

②目标:招标人编制的工程招标价应控制在批准的初步设计概算或施工图预算相应部分的范围内。合同单价应符合招标文件规定的范围。

(4)工程实施阶段。

①内容:计量支付应符合工程实际,不得超计量支付。公路工程设计变更应符合相关工程设计变更管理办法(规定),变更原因及变更费用、单价应合理;公路工

程索赔项目,应符合相关工程索赔管理程序(规定),索赔原因及索赔费用应合理;公路工程材料调差费用,应符合相关管理规定,材料调差费用应合理;公路工程预备费使用情况,应符合有关规定。

②目标:变更累计批复增加费用应控制在批复预算内,如累计批复增加费用超出批复预算,则暂停变更批复,复核所有批复变更并做预算调整的相关工作。工程结算以承包合同价为依据,按合同条款确定的计价方式、内容和实际完成的工程数量进行结算。各项费用应控制在批复的概、预算范围内。

(5)交(竣)工验收阶段。

①内容:建设项目实际造价、投资效果情况。工程决算的编制情况应符合有关规定。对造价管理绩效考核进行评价。

②目标:竣工决算应控制在批复的概、预算范围内。

(三)参建各方工程造价监管的责任

公路工程建设项目造价控制与监督管理,应实行政府监督、市场调节、建设单位负责、设计单位控制的管理体系。交通运输主管部门(委托的造价监督管理机构承担具体工作)对项目工程造价履行政府监督行政职责;建设单位对项目工程造价全过程履行控制的主体责任;设计单位对项目工程造价文件设计、文件质量负责;施工单位对项目工程造价履行自控职责;其他从业单位和人员按照有关规定对项目工程造价负有相应责任。

(1)政府监督。

①国家发展和改革委员会:负责国家高速公路网工程项目的立项审批或核准(或由国家下发审批权)。

②省(自治区、直辖市)发展和改革委员会:负责国家高速公路网工程项目立项预审;省公路网工程项目立项审批(有的省份是立项、初步设计审批)。

③交通运输部:负责国家高速公路网工程项目的初步设计、重大设计变更审批,组织竣工验收。

④省级交通运输主管部门:负责项目立项行业审查;初步设计预审和施工图设计审批;重大、较大设计变更的预审和审批;监督预备费;竣工决算认定;负责国家高速公路网之外工程项目初步设计、施工图设计审批(有的省份初步设计预审、施工图设计审批);竣工验收。

(2)市场调节。

十八届三中全会明确经济体制改革是全面深化改革的重点,核心问题是处理好政府和市场的关系,政府部分职能下放,少设准入门槛,提升公路造价咨询市场活力，体现政府职能转变，事前下放、加强事中和事后的监管原则。政府及造价机构由造价核定等事务性、技术性职责向加强制度建设、标准引导、过程监督检查、结果考核等职责转变，应大力发展技术咨询市场。在公路工程项目的设计、施工、合同招标、从业单位、人员及信息管理等各方面遵从市场的正常竞争和需求关系对社会经济活动进行的调节，政府做好理顺和监督管理。

(3)建设单位控制的主体责任。

①参与项目立项评估，委托设计单位，参与初步设计阶段的审查，组织对施工图设计审查，对工程标准、规模、方案、造价等提出建议及要求。

②工程造价的控制主体，包括标底价(指导价)、招标控制价上限的编制，与中标施工单位、监理单位签订合同价，同地方政府签订征地拆迁包干合同。

③建立造价管理台账，施工过程计量、结算及工程计量款支付。

④重大、较大设计变更的审查、上报，一般变更的审批。

⑤工程决算及竣工决算的编制。

(4)设计单位对造价文件质量负责。

①编制项目建议书、可行性研究报告、初步设计、施工图设计，根据相应的工程标准及规模编制可行性研究估算、初步设计概算、施工图预算。应对可行性研究报告、勘察设计质量、工程投资额度负责，承担造价文件真实性和质量的责任。

②编制设计变更的方案、规模，对重大、较大设计变更编制设计及造价文件，上报审批部门。

③做好前后阶段的造价对比分析及“三超”预控。

(5)施工单位自控。

工程投标报价的编制，和建设单位签订合同，重大、较大、一般设计变更的上报，一般设计变更的资料的编制。

(6)地方政府职责。

①项目立项阶段省市共建项目对路线走向、工程标准及区域连接提出建议。

②设计阶段根据各地发展规划对工程规模、环保、国土等提出要求或建议。

③实施阶段负责征地拆迁工作。

④省市共建项目按合同承担相应工作或代建单位职责。

(7)造价管理部门职责。

①制订计价标准，发布人工费、材料价格信息等计价依据，并监督其各阶段的执行情况。

②对设计单位编制的投资估算作出总体评价，提出部门意见。

③监督审核设计单位编制的初步设计概算和施工图预算。

④重点工程招标控制价上限的审核,重大、较大设计变更的造价监督审核。

⑤施工过程中进行造价专项监督,并出具专项督查报告。

⑥受交通运输主管部门委托进行工程决算认定,出具认定报告。

(8)国土、环保、林业等部门职责:相应行业责任。

(9)审计部门:负责对竣工决算审计,提出审计报告。

(10)其他从业单位和人员责任。

①受发改委或交通运输主管部门委托由有资质的咨询单位编制项目建议书、可行性研究报告。

②受发改委或交通运输主管部门委托由有资质的咨询单位对前期立项、设计进行编制、审查。

③受业主委托由有资质的招标代理机构对设计、监理、施工单位进行招标及标底价(指导价)、招标控制价上限的编制。

④受建设单位委托可由有资质的咨询单位对工程决算及竣工决算进行编制、审计。

(四)监管的程序及手段

(1)立项阶段公路工程造价监督管理手段。

①审批单位应加强造价审查及审批。建立责任制,对可行性研究编制和咨询评估单位进行有效控制,每年对可行性研究编制和咨询评估单位进行信誉评价。建立公开、透明的审查制度,聘请专业的咨询单位(或专家)对估算进行评审,对国家的方针、政策和有关规定的执行情况,经济效益情况进行分析评价。

②通过招标的方式选择咨询编制单位,加强规划、审查,建立信用评价制度,量化对造价确定、控制的信用评价。规模、标准的科学确定。项目法人参与立项,合理确定工程规模、标准等。

③设计、咨询单位代表加强勘察及编制报告质量和深度,合理确定投资不留缺口,审查单位对设计总体把关。

④造价管理部门参加工程可行性报告的技术标准和方案论证及外业调查验收,对投资估算编制的外业调查资料进行核查,确定利用程度,并监督投资估算编制原则采用的合理性。

(2)设计阶段公路工程造价监督管理手段。

①审批单位应加强造价审查及审批。建立责任制,对设计的编制和评估单位进行有效控制,每年对设计和评估单位进行信誉评价。建立公开、透明的审查制度,聘请专业的咨询单位(或专家)对概、预算进行评审,对国家的方针、政策和有关

规定的执行情况，从工程规模、标准、方案、概预算等方面分析评价，确定最高限额。

②交通运输主管部门要求项目法人对建设项目设计进行公开招标或邀请招标，明确技术标准及要求达到的技术指标和工程造价控制目标，同时提出设计质量要求，提出最高限额。对于重点工程（如高速公路），可通过招标方式选择设计监理。对工程规模和费用超标准、违反计价依据及未在资质资格许可范围内从事造价活动等违规行为予以纠正。

③项目法人通过招标的方式选择质量信用好的设计、监理咨询单位，对项目进行设计及咨询服务。指导设计单位合理确定工程规模、标准、工程方案，确保项目设计阶段至施工阶段的合理性、连续性、可控性。

④设计单位应提高设计质量。对地质、隧道、取弃土场、交通服务机电设施等影响造价的方案，须加大工作力度，贴近实际，减少设计变更的发生。确定合理的设计周期，采取精细化设计，保证设计质量。

⑤造价管理部门接受交通运输主管部门委托，对设计阶段的造价进行详细监督审核。根据国家有关工程造价管理的方针政策，监督检查建设项目在工程造价方面对国家有关法规和省厅有关规章的执行情况，对建设项目的概、预算进行监督审核，审核其科学性和合理性，并出具监督审核意见，报省交通运输主管部门进行决策。加强设计阶段的工程造价过程管理，参加省厅组织的公路建设项目设计的前期现场踏察和外业现场有关工程造价方面资料的验收工作、重大工程方案的论证工作，对于造价不合理的设计方案，具有建议、否决权。对公路建设项目设计概、预算的编制质量负责监督。确保投资效益，杜绝浪费；设计概、预算能全面、真实、准确地反映整个工程建设造价。

(3)招标阶段公路工程造价监督管理手段。

①交通运输主管部门对招投标过程进行监督管理，公路建设项目必须执行项目工程招投标制度，开放公路建设市场，优选施工队伍，确保工程质量，控制公路工程造价，节约投资（包括监理招标，主要材料及设备、施工招标）。严格控制招标控制价。

②项目法人合理确定工程合同标价。招标控制价要合理适当，体现出资人的概预算控制目标。签订的合同应严密、合理，具有可操作性。合同是项目造价控制的基本保障，如不平衡报价调整、变更单价确定等，在合同中应明确方法和程序。有效确定拆迁数量、单价。

③造价管理部门对招标控制上限提出建议，监督检查中标价的合理性，以维护建设各方的利益，保护平等竞争，进行承发包合同有关造价方面的检查。招标人编制的招标控制价不得低于成本、不得超出概算或预算批复范围。

(4)工程实施阶段公路工程造价监督管理手段。

①交通运输主管部门依据工程的中标合同情况(同时参考概算、预算及招标控制价等),与项目法人签订实施过程中工程造价控制目标,并进行阶段性检查。加强项目实施过程中的监督检查,开展项目联合专项督查,并出具专项督查报告,项目法人按监督报告要求进行整改。

对重大、较大变更实行全部现场审核,一般变更按比例抽查,严格变更程序的检查,建立责任追究制度,对违反者追究责任。建立设计后期服务制度。完善对施工单位造价方面信用评价制度,量化对造价确定、控制的信用信息。

严格预备费的使用。对于建设项目的预备费使用,在每个工程结算期,由交通运输主管部门主持、造价管理部门参加,对建设项目的预备费使用情况进行核查,提出工程预备费使用情况报告,报省厅批准后,按其额度使用。

②项目法人建立实施阶段工程造价责任制,造价责任目标分解到人。严格设计变更,加强施工现场的管理,发生设计变更时,应按规定程序确定变更费用。严控一般变更数量,对工程造价有较大影响的重大、较大变更,须由交通运输主管部门主持,项目法人、设计单位、监理单位、造价管理等有关部门进行现场认证,形成认证报告,报省厅批准,方可进行工程造价调整。在工程开工前,应向造价管理部门申请工程造价监督;工程施工过程中,应主动接受造价管理部门对工程造价的监督检查。严格计量、建立计量台账,逐步积累工程竣工决算等文件资料。

③设计单位、咨询单位对工程变更进行确认并负责。监理单位认真审核工程计量,确保计量准确。施工单位及时支付各方资金,对“四新”项目组织编制企业定额,并及时上报有关造价管理部门。

④造价管理部门严格监督审核重大、较大设计变更费用,通过交通运输主管部门组织的专项督查,抽查项目法人审批的一般变更情况。

(5)交(竣)工验收阶段公路工程造价监督管理手段。

①由交通运输部对国家高速公路网项目的成本进行综合审核、评定。

②省级交通运输主管部门对国家高速公路网以外项目进行分项工程核查,防止工程外项目进入工程和建设项目资金外流,提交决算项目监督核查报告,并作为列决的依据,对工程决算及竣工决算予以认定,其认定报告是竣工验收报告的重要组成部分,未经工程决算认定不得进行竣工验收。

③项目法人组织编制工程决算及项目造价执行情况报告,并对其质量负责。委托有资质的咨询单位对工程决算及竣工决算进行编制、审计,未经审批的、未执行初步设计批复意见的变更不得纳入工程决算。

④造价管理部门参加本省公路建设项目的竣工验收,收集竣工决算资料备案,

对项目法人的造价管理工作进行综合评价或受省厅委托对工程决算进行认定。

三、政府及市场定价规则

（一）现状

目前，全国26个省（自治区、直辖市）开展了材料价格信息的采集和发布工作，其中大部分省（自治区、直辖市）发布参考价格，少部分省（自治区、直辖市）发布强制执行价格。信息价格发布各约1/3的省（自治区、直辖市）分别在1月、2月和一季度发布一次材料价格信息；河北省定期测算和发布公路价格指数；湖北等16个省（自治区、直辖市）实施了材料价差调整，各省（自治区、直辖市）计价依据管理开展情况，如表2-1所示。

计价依据管理开展情况　表2-1

内　　容	开展省份（自治区、直辖市）
材料价差调整实施（16个）	广东、湖北、湖南、河南、新疆、甘肃、广西、重庆、黑龙江、福建、江西、江苏、陕西、辽宁、浙江、山西
材料价格调查和发布（26个）	广东、湖北、湖南、河南、新疆、甘肃、青海、宁夏、陕西、云南、贵州、重庆、西藏、四川、黑龙江、吉林、山西、天津、北京、内蒙古、河北、福建、浙江、江西、上海、江苏
公路价格指数测算与发布（1个）	河北

（二）存在问题

没有一个统一的价格制订管理规则，容易产生如下问题：

（1）价格制订与发布缺少法规支持，发布部门不明确，发布形式也各不相同。

（2）单一的静态价格管理手段，很难适应动态的价格变化。没有科学合理的发布形式及适用范围，难以保证造价文件编制、调差管理等方面的合理确定。

（3）价格采集渠道及方式不统一，价格制订的准确、公平度难以保证。

（4）没有科学合理的计算方法，难以保证价格的合理性。

（三）解决方法及措施

（1）造价管理办法中，应明确规定省级公路造价管理机构为交通建设材料价格的调查、制订、发布的单位。

（2）价格数据采集应采用如下方法：现场调查，建立信息调查队伍、深入厂

(场)家或供应商调查、施工现场调查等;电话、邮件、信函调查;专业网站获取信息;相近行业信息价格比较。

(3)调查采集数据应采用如下方法进行汇总测算:运用统计、分析等方法合理确定采集数据;运用算术平均、成本分析等多种方法确定合理的发布数值;运用软件采集、收集数据,分析测算单质材料价格变化对工程造价影响程度,为科学决策提供技术支持。

(4)建议发布两种价格,即《公路工程材料价格信息》(以下简称《价格信息》)与《阶段性交通建设工程市场参考价格》(以下简称《市场参考价格》)。发布两种价格的必要性在于《价格信息》可以合理地指导前期估、概预算;《市场参考价格》可以更好地服务于过程中的项目调价管理。解决了以往一种价格信息兼顾两项内容,无法精准,且发布频次过多执行不便的问题。减少发布频次有利于设计与批复,同时也可以较大限度减少同一项目不同时间段批复存在单价差异的问题。《价格信息》不直接用于施工管理,发布时可适当增加统计分析与预测比重。《市场参考价格》指导工程过程管理能更加准确地反映工程造价实际情况。

四、造价文件编制标准化

(一)文件编制标准化的必要性

造价文件编制标准化,可以清晰地把握各阶段造价变化的情况,及时发现资金使用存在的问题,有利于科学计价和合理造价控制;也可对估、概、预、结、决算等各类文件的编制、审查、使用等行为进行规范,大幅度提升我国公路工程造价文件编制质量,提高造价管理水平。因此,规范造价文件既是日常造价管理的需要,也是快速、科学决策的基础,更是促进管理水平和效率提高的手段。

(二)各省造价标准化研究现状

(1)广东省在2011年初试行了高速公路建设工程造价标准化管理。

(2)吉林省在进行《公路工程造价文件编制标准化研究》。

(3)全国其他省份暂未开展此项研究。

(4)软件公司单一研究。

(三)造价标准化方面存在的问题

目前,公路工程造价文件的管理存在规范化、标准化、信息化程度不高,系统性不强的情况。行业标准相对公路建设管理现代化需求滞后，缺乏相应的动态更新机制。标准缺乏统一、系统的设计，各阶段造价信息不连通，实施阶段造价控制目标不明确。另外，造价文件编制质量评价、信用评价标准等尚未建立，也造成了造价文件编制时执行标准力度不够，随意性大的问题。

（四）解决问题的方法

制订《公路工程造价文件编制标准化导则》，建立公路造价标准模板，开展公路工程造价管理标准化建设。

（五）造价文件编制标准化的主要内容

（1）项目估算、概算、预算、工程量清单、决算，各阶段造价文件编制内容及项、目、节、细目划分和编码代号、单价、编制原则统一，并形成标准化模板格式。

（2）建立项目估算、概算、预算、工程量清单、决算各阶段造价文件对应关系，并形成标准化模板格式，规范现阶段计价依据欠对应问题。

（3）各阶段造价文件中人工、材料、机械代号统一，并形成标准化模板格式。

（4）各阶段造价文件取费统一标准化。

（5）各阶段工程量统一标准化。

（6）规范各阶段造价文件，具体明确项目内容、新增非标准项，结合实际情况进行费用归并统一。

（7）编制造价文件标准化示例。

（8）测试验证。

（六）实现标准化可达到的效果

实现造价文件编制标准化，可规范公路工程造价文件的编制，提高编制质量，总体提升我国公路工程造价管理水平。切实落实公路工程全过程动态管理及标准化、规范化管理要求，以促进全国公路建设管理、质量、水平的全面提升。

五、建立奖惩、倾斜政策

公路工程造价监督管理，应建立奖优罚劣的激励机制，增强公路工程项目建设各阶段相关参建各方在造价管控中的意识和职责，充分发挥其积极主动性。

（1）从事公路工程造价工作的人员和单位应遵循独立、客观、公正、诚实信用的原则，不得有滥用职权、玩忽职守、徇私舞弊等行为，如有以上行为，应视情节轻重给予处罚。

(2)建立设计产品质量和工程造价控制目标的奖罚制度,以设计为重点进行造价源头控制,建立健全设计阶段管理体制。勘察设计单位应当按照勘察设计技术规范、规程、标准及基本建设程序编制工程造价。公路工程勘察设计及审查应当充分考虑项目实际,结合项目的使用功能和投资情况,注重设计方案的技术经济比选,科学确定建设规模和标准。实行优质优价的设计费原则,对因设计合理节约投资予以奖励,对设计质量差或浪费投资予以惩罚。

(3)招标人编制招标文件,应严格按照《中华人民共和国招标投标法》及相关规定编制,招标控制价不得超出对应的批复概算或者预算。招标人如违反《中华人民共和国招标投标法》,应给予处分。

(4)工程实施阶段应实行工程造价目标责任制,以预算为工程造价目标进行检查和评定,使工程造价管理按其目标管理进行。对所管项目工程造价控制不力应予以处罚,对所管项目工程造价合理节约投资应予以奖励。

第三节　造价监督管理在公路基本建设程序中的应用

一、造价监督管理是基本建设程序重要组成部分

为了确保工程顺利实施和建设资金的合理使用,应当对建设前期(估、概、预算)、建设过程(招标标底、控制价、合同价、计量支付、设计变更、价差调整等)、建设竣工(工程、竣工决算)进行全过程的造价监督管理,公路工程造价是基本建设程序的重要组成部分。

依据《中华人民共和国公路法》第三章公路建设第二十条县级以上人民政府交通主管部门应当依据职责维护公路建设秩序,加强对公路建设的监督管理。第七章监督检查第六十九条交通主管部门、公路管理机构依法对有关公路的法律、法规执行情况进行监督检查。

根据《公路建设监督管理办法》(自2006年8月1日起施行)的规定,公路建设监督管理的职责包括:监督国家有关公路建设工作方针、政策和法律、法规、规章、强制性技术标准的执行;监督公路建设资金的使用。这两部分内容均属于造价监督的范畴。

政府投资公路建设项目的实施,应当按照下列程序进行:

(1)根据规划,编制项目建议书。

(2)根据批准的项目建议书,进行工程可行性研究,编制可行性研究报告。

(3)根据批准的可行性研究报告,编制初步设计文件。

(4)根据批准的初步设计文件,编制施工图设计文件。

(5)根据批准的施工图设计文件,组织项目招标。

(6)根据国家有关规定,进行征地拆迁等施工前准备工作,并向交通主管部门申报施工许可。

(7)根据批准的项目施工许可,组织项目实施。

(8)项目完工后,编制竣工图表、工程决算和竣工财务决算,办理项目交、竣工验收和财产移交手续。

(9)竣工验收合格后,组织项目后评价。

二、竣工决算认证是工程竣工验收必须具备的条件之一

(一)竣工决算认证的必要性

竣工决算是指由建设单位编制的反映建设项目实际造价和投资效果的文件。其内容应包括从项目策划到竣工投产全过程的全部实际费用。竣工决算包括工程决算和财务决算。

根据《公路工程竣(交)工验收办法》(自 2004 年 10 月 1 日起施行),公路工程进行竣工验收应具备以下条件:

(1)通车试运营 2 年后。

(2)交工验收提出的工程质量缺陷等遗留问题已处理完毕,并经项目法人验收合格。

(3)工程决算已按交通运输部规定的办法编制完成,竣工决算已经审计,并经交通主管部门或其授权单位认定。

(4)竣工文件已按交通运输部规定的内容完成。

(5)对需进行档案、环保等单项验收的项目,已经有关部门验收合格。

(6)各参建单位已按交通运输部规定的内容完成各自的工作报告。

(7)质量监督机构已按交通运输部规定的公路工程质量鉴定办法对工程质量检测鉴定合格,并形成工程质量鉴定报告。

竣工验收所成立的竣工验收委员会由交通主管部门、公路管理机构、质量监督机构、造价管理机构等单位代表组成。

竣工决算审计,并经交通主管部门或其授权单位认定。竣工决算认证是工程竣工验收必须具备的条件之一。

(二)竣工决算认证与审计的关系

审计与决算认证二者缺一不可,都是竣工验收的必备条件。审计先完成,再由交通运输主管部门或其授权单位认定。

竣工决算审计,是指公路基本建设项目正式竣工验收前,审计部门对其竣工决算内容、工程量和工作量、合同执行情况、清单完成情况,以及计日工和变更、资金的真实性、合法性和效益性进行的全方位审计。

竣工决算认定,交通运输主管部门或其授权单位是在审计部门审核的基础上,监督检查竣工决算的合理性,出具竣工决算认定报告作为决算列决的依据。

第四节　公路养护及运营的造价控制与管理

随着我国公路通车里程的大幅度增加,公路养护和运营管理工作成为各级交通运输主管部门的重点工作,"四个交通"建设对公路管理工作也提出了更高的要求。因此,工程造价的控制管理在公路养护和营运期间充分发挥公路基础性、先导性作用上显得尤为重要。

一、公路养护及运营的概念及内容

在交通运输部颁布的行业管理制度中,应明确公路养护及运营的概念及内容。运营是指公路建成竣工后的使用期间,为了充分发挥公路的使用功能,使其能最有效率地为社会提供服务所进行的一系列管理活动。运营管理,是一个内容繁杂的系统工程,包括路政管理、养护管理、交通安全管理、收费管理、信息和监控管理等。养护管理,是指对公路及其附属设施进行维护的管理活动。

二、公路养护及运营的计价标准

在公路造价标准体系中,明确公路养护、运营的计价标准。公路养护及运营的造价标准也应当成为交通运输部门造价标准体系中的重要组成部分。

(一)公路养护工程造价标准

交通部(现交通运输部)2004 年颁布了《公路养护工程预算编制导则》,用于指导各省的养护工程计价依据的编制;交通运输部正在编制《公路桥梁加固工程预算定额》《公路隧道养护维修工程预算定额》。各省根据部颁《公路养护工程预算编制导则》结合本省的公路养护实际需求，编制了各省的《公路养护工程预算编制办法》及《公路养护工程预算定额》。

公路养护工程计价标准，各省各自为政，指导思想不统一，编制方法各异，计价标准水平差异大，不利于养护市场良性发展。需要交通运输部有关部门统一思路、方法，以保证计价标准的科学性。

交通运输部应统一制定养护工程造价标准，公路养护工程造价标准应包括以下内容：

第一层面（国家强制性标准）：公路养护工程预算编制导则，公路养护工程项目决算编制办法。

第二层面（国家推荐性标准）：公路养护工程日常养护指标，公路桥梁加固工程预算定额，公路隧道养护维修工程预算定额，公路机电设施维修预算定额，公路××工程专项预算定额，公路养护工程机械台班费用定额。

第三层面（地方标准）：××省公路养护工程预算编制办法，××省公路养护工程预算定额，××省公路养护工程补充机械台班费用定额。

（二）公路运营计价标准

公路运营计价标准原来没有，应列入交通运输部行业标准体系中，交通运输部相关部门正在筹划编制公路运营的技术规范和计价标准。

三、养护及运营造价管理措施

养护及运营造价管理是针对项目建成后未来的运营和维护成本管理和评估。主要应采取如下措施：

（1）制定管理、养护计划。

（2）制定管理、养护制度。

（3）确定管理、养护费用的审核、批准程序和权限。

（4）建立养护造价编制规则。

第五节 政府和市场的关系

党的十八大强调，要加强和创新社会管理，改进政府提供公共服务方式，国务院办公厅《关于政府向社会力量购买服务的指导意见》（国办发［2013］96号）（以下简称“指导意见”），对进一步转变政府职能、改善公共服务作出重大部署，明确要求在公共服务领域更多利用社会力量,加大政府购买服务力度。因此,要积极探索造价管理向市场购买服务,促进造价管理水平和效率提高。

一、交通工程造价管理工作的职责

现阶段,交通工程造价管理工作的职责分为五方面的内容:一是制定行业规则;二是行政审批;三是造价监管(从业单位、从业人员、信用评价);四是造价业务审查;五是计价与取费标准、市场价格等的制定发布。

二、政府与市场的职责划分

经济体制改革核心问题是处理好政府和市场的关系,政府部分职能下放,少设准入门槛,提升公路造价咨询市场活力,体现政府职能转变,事前下放,加强事中和事后的监管原则。政府及造价机构由造价核定等事务性、技术性职责向加强制度建设、标准引导、过程监督检查、结果考核等职责转变,应大力发展技术咨询市场。在公路工程项目的设计、施工、合同招标、从业单位、人员及信息管理等各方面遵从市场的正常竞争和需求关系对社会经济活动进行的调节,政府做好理顺和监督管理。

根据"指导意见"的规定以及政府职能的定位,制定行业规则、行政审批和造价监管是属于政府职能。

参照《吉林省人民政府办公厅关于政府向社会力量购买服务的实施意见》(草稿)的规定,"公共工程的概(预)算、结(竣)算审核工作"为政府向社会购买服务项目,造价业务审查应归类为市场行为,由政府向社会购买。计价取费标准基础数据的采集、整理、编制、测算分析可以由交通运输主管部门委托造价咨询单位或其他社会组织,交通运输主管部门分析、整理后通过信息平台发布。

三、计价依据逐渐市场化

目前,我国公路工程造价执行的计价依据多为国家或省市相关部门发布的统一规定,随着市场经济的发展完善,计价依据也应积极推进市场化改革。现行国家统一发布的计价标准有《公路工程基本建设项目投资估算编制办法》《工程工程基本建设项目概算预算编制办法》和《公路工程估算指标定额》《公路工程概算定额》《公路工程预算定额》《公路工程机械台班费用定额》,其中编制办法属于强制性标准,定额属于推荐性标准。

国家定额只是代表社会平均生产力水平,不能体现企业的个性差异和技术特点。在市场经济条件下,经济活动的参与主体是企业,不应该是国家和政府,应淡化政府定额的作用,企业定额也必然会逐渐取代政府定额。一个企业的技术、管理、资源和生产力水平各不相同,并且是动态变化的。企业用社会平均水平测算的工程定额来参与市场竞争是不会获得竞争优势的。

国外一些国家有先进和完善的企业管理理论,然而在公路行业没有统一规定的政府定额,没有统一的工材机消耗量标准,也没有统一或参考的定额价。因为这些发达国家,市场经济比较完善,而各生产企业的生产力水平各不相同,企业为了投标报价、测算成本、组织生产等活动,会有自己的企业定额,来从事企业生产经营活动。政府没有必要推出一个强制各方执行的统一的计价标准。所以,成熟的市场经济国家没有强制执行的政府定额,只有企业定额。

由此可见,当市场经济发展成熟,造价数据指标的大量积累,施工企业逐步摆脱对政府发布的统一计价依据的依赖,完全可以以企业自身水平进行公路工程造价活动的参与。

要摆脱对政府定额的路径依赖,首先要建立健全造价文件的标准化,其次要加强造价数据平台的建设。数据平台的接口要统一并实行标准化,以利于海量数据的积累。但目前还未实现造价文件和数据平台的标准化建设,造价数据的积累也不是很丰富,所以工程造价的确定还不能摆脱定额计价的方式。现阶段既要加强标准体系的建设,合理确定造价,又要加强造价标准化的研究和数据平台的建立,为市场确定造价做准备。待社会诚信体制、造价数据标准化建立以后、通过海量造价数据的积累,逐步形成造价确定的市场化。

第六节　造价信息公开的主要内容及风险评价

一、信息公开的必要性

公路工程造价监督信息公开机制是整个公路造价监管机制的重要内容,作为关系社会公众切身利益的重要信息,受到极大关注。引进公众和社会对公路工程造价管理工作的监督,是最经济、最有效、最直接的监督方式,可以提高公路造价监管效率,将公路工程造价信息向社会公开,并接受社会监督,有助于促进公平公正、打造“阳光造价”,提升造价管理质量。

二、国内信息公开现状

(1)《中华人民共和国政府信息公开条例》(国务院令第 492 号)第十条要求重大建设项目的审批及实施情况需公开。

(2)2013 年国务院政府工作报告要求加大政务公开,全面接受人民监督。

(3)2013 年 10 月国务院出台《国务院办公厅关于进一步加强政府信息公开回应社会关切提升政府公信力的意见》(国办[2013]100 号)。

(4)住房和城乡建设部:住宅、人工和轨道交通造价信息均可查看。

(5)原铁道部:造价信息、政策法规、造价期刊、造价工程师、造价咨询单位、造价软件、图书信息可查看。

(6)水利部:全国水利建设市场信用信息平台网站,公开了全国各省的项目名称、可行性研究报告、初步设计报告、开工时间、投资规模、项目法人。

(7)交通运输部。

①全国公路工程造价管理缺乏信息公开制度,造价审批、标准核定等信息不透明。

②仅河南建立了“重点高速公路建设项目招标人、竣工决算公示”制度,福建建立了“定期发布交通工程造价分析报告及中标综合单价”制度。

③各省级交通运输主管部门网站能及时发布招投标及中标信息,广东及新疆发布了项目的概况,包括里程、时速、概算总投资等。

三、存在的问题

缺少公路工程造价监督信息公开的政策规定,公路造价的违法行为曝光不时,造成公众对造价管理公信力质疑。造价审批、标准核定等信息不透明,社会监督不足也使造价管理公信力降低。另外,建设程序不规范,阻碍了造价信息实时、动态公开。公众对公路造价信息有了解的愿望,但开展造价信息公开的省份较少,造价信息公开统一完整性不够,缺少标准化模式。

四、解决办法

组织制定《公路工程造价监督信息公开制度》,确定信息公开的主体、方式、程序以及目录内容,提高造价管理水平、加强造价计价标准化。建立造价数据库,保证造价数据的真实、准确和广泛。打造标准的造价数据平台,为公众提供明了、方便、便捷的查阅途径。另外,选取部分省份开展阳光造价试点工作,在取得切实效果后逐步推广。

五、信息公开的风险评价

根据《中华人民共和国政府信息公开条例》(国务院令第 492 号)第十条要求重大建设项目的审批及实施情况需公开。由于信息公开的制度建设及信息公开的实际实施均处于起步阶段，目前关于建设项目造价信息公开后的风险评估机制尚未建立，对建设项目的法人单位而言，信息公开存在一定的风险与挑战。信息公开的过程中存在很大的不确定性，应找出造价信息公开中的风险因素，建立风险评估指标体系，制定有效的防范措施。信息风险评估内容应包括：

(1)有无涉密信息。

(2)有无敏感信息。

(3)发布时机是否适宜。

(4)内容是否完整、准确。

(5)采编信息的合法性及出处是否注明。

(6)安全保密部门规定的其他不宜上网的信息。

除此之外还应建立信息公开责任制度，责任人按照规定的信息公开程序、信息公开内容对须公开信息进行全过程风险实施控制，从而最大限度降低交通运输工程造价信息公开风险发生的可能性。

六、信息公开的主要内容

（一）公开主体

(1)交通运输部造价主管部门是全国造价监督信息公开工作的主管部门，负责推进、指导、协调、监督全国的造价信息公开工作。

(2)各省、自治区、直辖市造价管理机构负责本地区的造价信息公开工作。

(3)项目法人负责本项目的造价信息公开工作。

（二）公开方式和程序

(1)交通运输部造价主管部门及各省、自治区、直辖市造价(定额)管理站(局)建立本部门或独立的造价信息公开网站。

(2)造价信息由制定发布部门负责公开。

(3)属于主动公开范围的政府信息，应当自该信息形成或者变更之日起5～10个工作日内予以公开。

(4)交通运输部造价主管部门编制、发布造价信息公开目录指南，并及时更新，各省、自治区、直辖市造价(定额)管理站(局)可在目录指南的基础上根据本地区情况编制、发布本地区造价信息公开目录，并及时更新。

(5)项目法人负责对本项目的估、概、预算批复及变更等情况公开。

（三）公开目录内容

(1)政策法规:国务院、各部委发布。

(2)计价依据:国务院、各部委、各省(自治区、直辖市)发布。

(3)价格信息:人工费单价、材料价格。

(4)造价指标、造价指数。

(5)项目审批信息、招投标及中标信息。

(6)已竣工项目的概算、投标价、决算。

七、信息公开达到的效果

推行造价信息公开制度,切实提高公路造价监管效率,使造价管理真正意义上在阳光下运行。实现依法管价、科学计价、合理定价、阳光造价,提升公路发展社会、经济效益。

第七节　标准造价数据平台的建立

一、建立数据平台的必要性

建立工程造价信息化平台有利于国家对公路基本建设的宏观控制和管理,为决策提供依据,有效推进公路工程造价管理的现代化进程。另外,公路工程造价全过程多次计价,信息化可以大大提升管理效能。

二、国内数据平台现状

目前,绝大部分省(自治区、直辖市)公路造价数据库管理系统尚未建立,造价管控的信息化手段相对落后。

三、目前存在的问题

现阶段没有完善的数据库系统,对各类工程造价指标的整理、分析缺少快速有力的工具。缺少信息化系统的支持,不能充分合理利用历史相关资料、数据对现实造价工作进行指导,在一定程度上影响了造价管理工作有效开展。不同项目、不同省份之间造价信息没有形成资源共享,造价管控过程中难以借鉴相关项目已有的数据,影响造价管控的效率。

四、解决问题的方法

加强造价信息化管控手段。由交通运输部统一部署公路工程造价信息化平台的研发，统一标准，制定切实可行的系统管理办法，统一系统使用费用标准和技术支持要求。另外，引进有实力的软件公司，采用合作经营等模式积极开发和运用计算机技术。应用计算机开发数据库存储系统软件，以提高工作效率和资料的准确性。

五、标准造价数据平台的主要内容

公路工程造价信息化平台，主要包括项目档案管理、造价文件编审、造价监督、计价依据、材料价格信息、从业人员及单位管理、造价信息统计分析交互等方面的内容。

主要的信息平台如下：

(1)全国公路造价管理工作办公信息化平台，解决部与各省上下联动、信息共享。

(2)全国公路定额资料收集网络应用平台，解决概预算定额所需工地资料收集的困难。

(3)全国公路造价数据库采集及应用平台，积累公路造价的指标及指数信息，便于造价分析和政府部门决策，加强造价管理监督。

(4)全国公路材料价格采集及地理信息系统，解决全国材料价格信息以及公路合同结算调价问题。

(5)全国公路建设市场信用信息平台，包括全国公路注册造价工程师管理信息平台(与职业资格中心联合，解决注册造价管理、信用评价等问题)及从业单位信用信息平台(解决从业单位资质管理、信用评价等问题)。

(6)全国公路工程建设项目信息公开平台，包括项目审批信息、项目核准信息、项目建设管理信息等。

六、建立标准数据平台达到的效果

建立标准的造价数据平台，可为政府有关部门和社会提供公共服务，为公路建设参建各方提供造价信息的专业服务，实现资源共享，实现集专业化、标准化、信息化为一体的交通现代化造价管理体系。

第八节 小 结

本章重点研究公路工程造价监督管理的制度和措施,通过研究明确造价监管是基本建设环节重要组成部分,从而提出了基本建设全过程政府进行造价专项检查;采取有效的社会监督,造价信息公开;工程交(竣)工的工程决算认定报告作为竣工验收的必要组成条件等相关政策。探索政府监管和市场行为的关系,如市场形成价格信息、转变政府职能向社会购买服务、对从业单位进行信誉评价等;逐渐建立数据标准化信息平台,为计价依据市场化做好准备。

第三章　公路工程计价依据

公路工程计价依据是公路工程造价管理的重要内容之一。公路工程计价依据是指用以计算工程造价的基础资料的总称，内容包括公路工程定额、指标、费率、基础单价、工程量数据、政府主管部门颁发的各种相关经济法规、政策、计价办法等。

目前，我国公路工程的计价依据分为两部分，一是部级计价依据，包括《公路工程估算指标》《公路基本建设工程投资估算编制办法》《公路工程概算定额》《公路工程预算定额》《公路工程机械台班费用定额》《公路基本建设项目概算预算编制办法》《公路工程标准施工招标文件》《公路建设项目工程决算编制办法》等；二是省级计价依据包括部概、预算编制办法补充规定、材料价格信息、造价数据库信息、价格指数、工程量清单计价规则等。

随着市场经济改革的深度和广度的增加、社会主义市场经济体制的完善，现有的公路工程计价依据已不能完全适应目前的公路工程计价要求。目前，计价依据存在以下问题：一是部属专职造价机构缺失和法规不健全，导致公路工程造价计价依据制定主体不明确，计价依据政出多门、相互脱节；二是计价依据的测定、编制、修订缺乏长效机制和科学规划，造成适用性欠强；三是对新工艺、新技术等“四新”计价定额增补不及时，影响工程造价的准确核定；四是全国没有建立统一、完整、科学的计价依据制定方法，影响计价依据精度的准确性和一致性；五是计价标依据基础数据的采集、积累缺少制度支持，影响计价依据的修订周期、编制质量。

通过对公路工程计价依据的现状及问题进行分析研究，在社会主义市场经济条件下，应建立科学完备的计价依据体系，有利于市场公平竞争和各方的权益保障。

第一节　公路工程造价标准体系的建立与健全

一、现状及必要性

我国已经初步建立了国家标准、行业标准、地方标准和企业标准为主要内容的四级标准体系构架。交通运输行业也形成了具有行业特色、体系较为完善、技术基础可靠的交通运输标准体系，内容包括交通运输行业建设标准和交通运输行业产品标准，交通运输行业建设标准又包括公路工程标准、水运工程标准等。公路工程造价标准是公路工程标准的组成部分，其体系是公路工程标准体系的一个分支。

近年来，为适应公路基础设施建设和养护管理快速发展的需求，公路工程标准体系得到不断发展和完善。在 2001 年完成了由 JTJ 体系到 JTG 体系的转化，《公路工程标准体系》(JTG A01—2002)中构建了综合、基础、勘测、设计、检测、施工、监理、养护与管理八类标准，无造价类标准。目前，《公路工程标准体系》(JTG A01—2002)正在修订中，规划的公路工程标准体系共有十三类，包括综合 A 类、基础 B 类、勘测 C 类、设计 D 类、检测 E 类、施工 F 类、监理 G 类、养护与管理 H 类、评价与加固 J 类、制图 K 类、改扩建 L 类、造价 M 类、其他类。

公路工程造价的标准体系尚未建立。在公路工程标准体系下构建公路工程造价标准体系框架，对完善公路工程标准体系，规范公路工程造价标准的规划、编制，指导和推进我国公路工程造价标准化工作具有重要意义。体系的建立为加强公路工程造价管理，合理确定和有效控制公路工程造价提供了基础性技术支撑。

二、存在的问题

(一)造价标准种类少

目前，行业标准只颁布了《公路基本建设工程概算预算编制办法》《公路工程概算预算定额》《公路工程基本建设投资估算编制办法》《公路工程估算指标》《公路工程机械台班费用定额》《公路养护工程预算编制导则》6 个造价标准，远不能满足公路工程计价的需要和行业管理的需求。

(二)造价标准覆盖面窄

造价类标准基本满足公路工程基本建设需要，但对公路的养护、营运以及应急处置涉及不多，如路网监测、应急管理等。另外，基础类造价标准缺少，导致各造价标准、造价文件编制的方法、原则不规范。而交通运输行业是服务经济发展和改善民生的重要领域之一，应加强公共服务体系建设，使公众出行更加便捷安全，因此，造价标准的覆盖面必将随之扩大。

(三)造价标准参与财务审计、监督服务弱

随着政府职能的下放，减少事前审批，而加强事中事后监管，财政、审计、监察

等部门对公路工程有关的造价管理的事项较多,要求投资与支付有章可循、合法、合规。而造价类标准目前侧重于项目前期,没有与工程实施阶段的清单预算进行良好的衔接,各阶段造价数据接口不统一,使工程造价信息形成孤岛,也使"阳光造价"难以实现。

(四)造价类标准界面不清、造价类地方标准缺失

由于公路工程造价类标准缺少顶层设计,导致标准编制缺乏规划,行业标准之间相互关系和层次不清晰,行业标准与地方标准部分内容交织。各省补充计价定额、编制办法补充规定等计价依据,多数由省交通运输主管部门以规范性文件形式发布,未列入地方标准,导致执行力不足、制修订和管理不及时、不规范。

三、措施及方法

(一)科学划分体系的组成部分

公路工程造价管理,同质量、安全、进度共同构成工程建设项目管理的四大任务,贯穿于公路建设项目立项、设计、施工、竣工交付、养护、路网运行、应急与保障等全过程,在行业建设管理中具有特殊地位,科学完善的造价标准体系是做好管理工作的基础和保障。公路工程造价具有多次性计价的特点,公路工程基本建设、养护、运营管理各个阶段的计价都对应不同的造价标准。

标准框架构建方案一,以公路工程建设、管理程序为主线,同时规划指导造价标准编制的基础性、纲领性标准。公路工程造价的标准体系由基础与管理类造价标准、公路基本建设工程类造价标准、公路养护工程类造价标准、路网运行应急保障类造价标准组成(附图 B-1)。

标准框架构建方案二,也可考虑按公路工程不同的计价阶段对应的计价标准为主线设计,包括基础与管理类造价标准、估算类造价标准、概算预算类造价标准、招投标类造价标准、决算类造价标准、路网运行应急保障类造价标准(附图 B-2)。

标准框架构建方案三,目前的公路建设标准,范围多集中在建设、养护阶段,运营管理、应急保障暂时不涉及。行业标准规范的数量,其趋势为逐年减少,造价类标准尽可能合并同类项,较细的规章制度应由各省制定。公路工程造价标准体系规划由公路基本建设工程类造价标准、公路养护工程类造价标准组成(附图 B-3)。

为解决现阶段公路造价类标准的需求,本书以方案三为主要研究内容,标准框架主要由公路基本建设工程类造价标准、公路养护工程类造价标准组成。

三种方案对比见表 3-1。

三种方案对比　表3-1

序号	方案一	方案二	方案三
1	基础与管理类造价标准	基础与管理类造价标准	公路基本建设工程类造价标准
2	公路基本建设工程类造价标准	估算类造价标准	公路养护工程类造价标准
3	公路养护工程类造价标准	概算预算类造价标准	
4	路网运行应急保障类造价标准	招投标类造价标准	
5		决算类造价标准	
6		路网运行应急保障类造价标准	

(二)科学划分体系的层次

公路工程造价标准体系是公路工程标准体系的一个分支,本书只对行业标准进行研究。行业标准又可按标准性质划分为强制性标准和推荐性标准两个层次。

(三)明确体系内包含内容

在对公路工程造价控制与管理研究的基础上,结合当前以及今后一段时期造价控制与管理对计价标准的需求,结合“目标明确、全面成套、层次适当、划分清楚”的原则确定了体系各组成部分应包含的内容。

(1)标准框架构建方案一包含的内容(表3-2)。

①基础与管理类造价标准应包含造价文件编制标准、计价依据制定的标准。

②公路基本建设工程类造价标准包含与投资估算、初步设计概算、施工图预算、招投标类、竣工决算相关的标准。

③公路养护工程类造价标准可根据养护工程现状及特点确定其包含的内容:方案一,现期的公路养护造价标准(包括公路养护工程预算编制导则、公路养护工程各分项定额、各省公路养护工程预算编制办法、各省公路养护工程预算定额等),此体系将延续至下次标准修订;方案二,远期规划的养护造价标准(包括公路养护工程预算编制办法、公路养护工程预算定额、各省公路养护工程预算编制办法补充规定、各省公路养护工程补充预算定额)。推荐方案一。

④路网运行应急保障类造价标准包含与路况检测、路网运行、应急物资储备、

突发事件处置、应急演练相关的造价标准。

标准框架构建方案一包含的内容 表3-2

序号	方案一	包含内容
1	基础与管理类造价标准	造价文件编制标准、计价依据制定的标准
2	公路基本建设工程类造价标准	投资估算、初步设计概算、施工图预算、招投标类、竣工决算相关的标准
3	公路养护工程类造价标准	公路养护工程预算编制导则、公路养护工程各分项定额、各省公路养护工程预算编制办法、各省公路养护工程预算定额
4	路网运行应急保障类造价标准	路况检测、路网运行、应急物资储备、突发事件处置、应急演练相关的造价标准

(2)标准框架构建方案二包含的内容(表3-3)。

①基础与管理类造价标准应包含造价文件编制标准、计价依据制定的标准。

②估算类造价标准,包含编制办法和估算指标。

③概算、预算类造价标准包含公路工程、养护工程概预算编制办法和概预算定额。

④招投标类造价标准包含公路工程工程量清单计价计量规范等。

⑤决算类造价标准包含公路基本建设项目和公路养护项目的决算编制办法。

⑥路网运行应急保障类造价标准包含与路况检测、路网运行、应急物资储备、突发事件处置、应急演练相关的造价标准。

标准框架构建方案二包含的内容 表3-3

序号	方案二	包含内容
1	基础与管理类造价标准	造价文件编制标准、计价依据制定的标准
2	估算类造价标准	编制办法和估算指标
3	概算预算类造价标准	公路工程、养护工程概预算编制办法和概预算定额
4	招投标类造价标准	公路工程工程量清单计价计量规范等
5	决算类造价标准	公路基本建设项目和公路养护项目的决算编制办法
6	路网运行应急保障类造价标准	路况检测、路网运行、应急物资储备、突发事件处置、应急演练相关的造价标准

(3)标准框架构建方案三包含的内容(表3-4)。

①公路基本建设工程类造价标准包含纲领性综合标准、投资估算、初步设计概算、施工图预算、清单预算、投标报价、竣工决算相关的标准。

②公路养护工程类造价标准可根据养护工程现状、特点及发展方向,确定包含

的内容为纲领性综合标准、养护工程施工图预算、竣工决算相关的标准。目前,交通运输部组织编制的养护工程造价标准有《公路养护工程预算编制导则》《公路桥梁加固工程预算定额》《公路隧道养护维修工程预算定额》,其他章节如路基、路面工程等各省已自行编制。待时机成熟,由交通运输部统一编制《公路养护工程预算编制规范》《公路养护工程预算定额》。各省编制公路养护工程预算编制规范补充规定、各省公路养护工程补充预算定额。

标准框架构建方案三包含的内容　表3-4

序号	方　案　三	包含内容
1	公路基本建设工程类造价标准	纲领性综合标准、投资估算、初步设计概算、施工图预算、清单预算、投标报价、竣工决算相关的标准
2	公路养护工程类造价标准	纲领性综合标准、养护工程施工图预算、竣工决算相关的标准

(四)明确体系内各标准的内容和性质

公路工程造价标准体系应明确各组成部分包含的标准,满足公路工程计价需要;并对编制标准的目的、主要内容、适用范围进行说明,理清各标准之间的界面。合理确定标准性质,对公路工程造价确定过程中起规范作用的标准应为强制性标准,如概预算编制办法;对在公路工程造价确定过程中随着市场化的发展和诚信体制的建立,可由市场确定、公路行业内自愿采用的指标应为推荐性标准,如各类定额、指标。

第二节　造价标准管理的方式和方法

一、计价依据的内容

计价依据复杂,种类繁多,主要可分为:

(1)计算工程量依据,包括项目建议书、可行性研究报告、设计文件等。

(2)计算人工、材料、机械等实物消耗量依据,包括投资估算指标、概算定额、预算定额等。

(3)计算工程单价的价格依据,包括人工单价、材料价格、材料运杂费、机械台班费等。

(4)计算设备购置费的依据,包括设备原价、设备运杂费、进口设备关税等。

(5)计算其他工程费、间接费和工程建设其他费用依据,主要是相关的费用定额和指标。

(6)政府规定的税、费。

(7)物价指数和工程造价指数。

其中,纳入造价类标准的计价依据有国家或省(市)统一发布的定额、指标、编制办法等,具体项目已在造价类标准体系框架中说明。

二、造价标准的制定主体

对计价依据中列入造价类标准的计价标准进行研究。公路工程造价类标准的建立,有利于明确各公路工程计价标准的管理。公路工程计价标准应实行分级管理,公路工程标准体系中造价类标准应由国务院交通运输主管部门组织制定修订并发布,其管理权和解释权归交通运输部;对公路工程标准体系中造价类标准进行补充的计价标准,由省级交通运输主管部门结合本省工程实际情况组织制定修订并发布,并报交通运输部备案,其管理权和解释权归各省交通运输主管部门。

交通运输主管部门应当建立造价计价标准制定制度。鼓励社会相关单位参与造价计价标准的制定工作,鼓励施工企业建立企业内部造价计价标准。施工单位有义务提供计价标准制修订所需的基础数据。

三、造价标准的修订周期

计价标准是一定时期社会生产力的反映,而生产力是不断向前发展的。因而,计价标准在具有稳定性的同时,也具有时效性。

交通运输部颁布的《公路工程估算指标》《公路工程概算定额》《公路工程预算定额》《公路基本建设工程投资估算编制办法》《公路工程基本建设项目概算预算编制办法》等公路行业标准,使用时间较长,修编不及时,更新慢,已不能完全适应公路建设的发展需要。《公路基本建设工程投资估算编制办法》《公路工程估算指标》于1996年发布,2011年重新修订发布,间隔15年;《公路工程概算定额》《公路工程预算定额》1992年版,2007年修订发布,间隔15年;《公路工程基本建设项目概算预算编制办法》1996年版,2007年修订发布,间隔11年。新工艺、新技术等"四新"计价定额增补不及时,影响工程造价的准确核定。

如何确定计价标准的修订周期,本书编写人员对《国家标准管理办法》《公路工程行业标准制修订管理导则》进行查阅,并对相关省份进行了调研。

《国家标准管理办法》第二十七条:"国家标准实施后,应当根据科学技术的发展和经济建设的需要,由该国家标准的主管部门组织有关单位适时进行复审,复审周期一般不超过5年。"《公路工程行业标准制修订管理导则》(JTG A02—2013)中8.0.1,"凡发布五年以上的标准,应进行复审,复审工作由交通运输部立项列入标准制修订年度计划。"8.0.2"复审工作可由'中建标公路分会'、标准主编单位或熟悉相关技术专业和国家政策的单位承担,拟承担单位应向交通运输部公路工程行业标准主管部门提出复审工作的申请。"各省份选择的合理的修订周期也均为5年。

公路工程计价标准的修订周期建议为5年,公路工程计价标准实行复审制度。交通运输主管部门应当组织相关部门对标龄满5年的计价标准进行复审;需要修订的,应当及时组织修订。公路工程计价标准应当与经济社会发展和公路工程技术水平相适应,根据国家规定和市场变化情况适时进行调整,并向社会公布。

四、其他行业造价标准的取定方法

公路建设的主体工程为公路建设,但也包括了其他专业的附属设施,如收费站房建工程、机电工程、通信工程、消防工程、绿化工程等。

《公路工程预算定额》总说明中指出:"本定额未包括公路养护管理房屋,如养路道班房、桥头看守房、收费站房等工程,这类工程应执行地区的建筑安装工程预算定额。"《公路工程基本建设项目概算预算编制办法》中指出:"公路管理、养护及服务房屋应执行工程所在地的地区统一定额及相应的其他工程费和间接费定额,但其他费用应按本办法中的项目划分及计算方法编制。"

根据定额及办法的说明,又参考了其他省份的建议,公路工程计价定额不包含其他专业定额,其他专业定额已成熟,且项目较多。如有需要,应执行工程所在地的地区统一定额及相应的其他工程费和间接费定额,但其他费用应按本办法中的项目划分及计算方法编制。

第三节　人工费、材料单价、机械和设备单价的定价原则、发布方式和执行方法

合理确定人工费和材料单价定价原则及发布方式、执行方法,使其客观反映社会市场价格水平。

交通运输部应统一编制《公路工程人工费单价及材料价格编制指南》,指导人工费、材料原价定价原则,统一思路、方法,使其客观反映社会市场价格水平。

一、人工费单价定价原则、发布方式、执行方法

人工费单价是费用定额的一部分，是计算工程造价的重要单价指标，正确合理地确定、执行人工费单价有利于工程造价文件的编制和管理，有利于工程造价的合理确定和有效控制。

（一）人工费单价确定的原则

人工费单价（生产工人每工日人工费）是指直接从事建筑安装工程施工的生产工人每工日的劳动人工费用，内容包括：基本工资、工资性补贴、生产工人辅助工资、职工福利费。

人工费单价确定水平的高低，除受其包含内容的限制，还直接或间接地受最低工资标准、岗位工资水平、企业工资指导线、公路建设劳务市场情况以及定额水平等因素的影响。在这些影响因素中既有政策性的如最低工资标准、岗位工资水平、企业工资指导线为政府发布的执行或参照标准，也有从工程建设实际情况中统计分析计算得来的如公路建设劳务市场情况以及定额水平等。

人工费单价的确定应遵循依法依规、科学合理、与公路建设相适应、促进公路建设市场健康有序发展的原则。

（二）人工费单价发布方式

交通运输部制定人工费单价总的计算公式以及调整方法。

各省、自治区、直辖市公路造价管理机构根据交通运输部的规定，结合本地区政府的有关规定，以及工程建设实际情况综合确定人工费单价，最终由各省交通运输主管部门发布实施。

（三）人工费单价执行方法

在编制估、概、预算时，人工费单价与估算指标、估算编制办法、概预算编制办法、概预算定额、机械台班定额等配套使用，人工费单价仅作为编制估、概、预算的依据，不作为施工单位实发工资的依据。编制招标控制价时，人工费单价执行各省交通运输主管部门相关规定。

二、材料价格的定价原则、发布方式、执行方法

材料费用是构成工程造价的重要组成部分，合理地确定、发布材料单价有利于工程造价的管控。

（一）材料价格的定价原则

材料价格调查与制定分外购材料与地方性材料两类；调查方法采用现场调查、厂家询价、专业网站获取信息等多种方式；利用算术平均、加权平均等多种计算方法确定合理数值。

（二）材料价格发布方式

交通运输部制定价格方式及价格使用规则。各省、自治区、直辖市公路造价管理机构根据交通运输部的规定，结合本地区政府有关规定，以及工程建设实际情况综合制定发布信息价格。

（三）材料价格执行方法

在编制估、概、预算时，材料信息价格仅作为编制其依据；编制招标控制价、新增单价或材料价差调整时，各省级交通运输主管部门可使用信息价格，或在合同另行约定材料参考价格。

三、机械和设备单价的定价原则、发布方式、执行方法

设备购置费是构成工程造价的重要组成部分，合理地确定机械和设备单价有利于工程造价的合理确定和有效控制。

（一）机械和设备单价的定价原则

机械和设备原价是指设备制造厂的交货价，即出厂价或订货合同价。它一般根据生产厂或供应商的询价、报价、合同价确定，或采用一定的方法计算确定，其定价原则已在《公路工程基本建设项目概算预算编制办法》中明确。

（二）机械和设备单价的发布方式

机械和设备受型号、厂家、经销渠道等因素影响较多，单价差异较大，不宜统一发布单价，应由交通运输部进行规范和指导。

（三）机械和设备单价执行方法

在编制估、概、预算时，机械和设备原价应由设计单位进行询价以作为编制依据，或建设单位依据合同价确定。机械和设备原价不宜统一发布、强制执行。

第四节　小　　结

本章通过对公路工程计价依据组成和现状的研究,科学划分计价依据,分析计价依据存在的问题以及公路工程全过程造价管理对计价依据的需求,提出了解决问题的措施和方法。本章对公路工程计价依据的重要组成部分——公路工程造价标准体系进行了重点研究。此外,本章还对公路工程计价依据管理的重点内容和环节提出了具体方法。

第四章　《公路工程造价管理办法》(建议稿)的主要内容和框架

按照转变政府职能的要求,履行市场监管和公共服务职能,更好地发挥工程造价管理对公路建设、养护、营运的引导和推动作用,在完善公路造价管理配套的政策体系的基础上,制定《公路工程造价管理办法》(以下简称《办法》),对明晰部门职责、统一行业监管、规范造价市场秩序及健全行业造价管理法规体系是十分必要和迫切的;对进一步加强公路工程造价管理,实现合理确定投资,有效控制工程造价,提高公共投资效益,维护国家、社会公共利益及建设各方的合法权益具有重要作用和意义。

第一节　《公路工程造价管理办法》(建议稿)框架的建立

《办法》(建议稿)包括总则、造价管理职责、造价计价标准、造价确定与控制、执业管理、造价信息管理、造价监督、法律责任共八章,以下具体阐述设定各章的必要性及其目的、作用。

第一章　总　　则

总则是对《办法》总体概括性的叙述,重点明确立法目的、立法依据、适用范围、管理宗旨、管理制度、管理体系、遵守原则及管理机构,对全文起统领和指导作用。总则中的有关原则和制度,在其后的条文中都有具体体现和明确规定。

第二章　造价管理职责

1. 必要性

公路属于公共产品,是需要巨额建设资金的重要公益性基础设施,具有社会公益性。交通运输主管部门代表政府行使行政职能,是公路主要投资者,并承担建设管理及造价管理的监督责任。从提高建设管理水平和投资效益、科学造价的角度出发,其具体工作应由不带营利性质的专业技术机构和专业队伍承担,并明确职责,完整、系统地负责公路造价全过程管理。

2. 目的与作用

在造价管理各个环节明确分工和责任落实。实行政府监督、设计控制、监理监控、法人负责、施工自控的多级管理体系。突出权限管理和过程控制,提高造价管理工作水平,提高公共投资效益。

(1)根据全国造价管理机构建设和职责现状,完善机构体系建设,明晰工作职能定位,解决机构不健全、职能不清晰、管理标准不统一的问题。

(2)从建立健全机构体系和加强造价工作深度的角度,明确造价全过程管理职能范围和业务开展方式,形成闭合回路。

第三章 造价计价标准

1. 必要性

标准体系建设是国家核心竞争力的基本要素,是建设创新型国家和城市的重要技术支撑,是规范市场经济秩序的重要保障,在经济社会发展中具有不可替代的地位和作用。公路工程造价计价标准是公路工程造价管理的基础,是政府进行项目投资控制的有力工具,也是公路工程造价管理的重要内容之一。造价计价标准是节约社会劳动、提高劳动生产率的重要手段,是宏观调控的依据,在实现分配过程中,造价计价标准在兼顾效率与社会公平方面有巨大的作用。

2. 目的与作用

(1)明确公路工程造价计价标准实行分级管理。弥补造价计价标准制定和修订主体不明确、缺乏科学规划和长效机制及适用范围不清等管理制度的缺失。

(2)明确交通运输主管部门建立造价计价标准制定制度,积极争取政府财政性投入,建立持续稳定的造价标准化经费保障机制。

(3)鼓励社会相关单位参与造价计价标准的制定工作,明确项目法人组织制定"四新"工艺相关计价依据,为积累数据、更新技术做好基础工作。

第四章 造价确定与控制

1. 必要性

造价的确定与控制是造价管理的核心内容之一,对科学合理确定和规范有序控制公路工程造价,实现造价的全过程管理非常必要。

2. 目的与作用

(1)明确造价管理各环节分工和责任。解决公路工程造价责任不清,主体不明的问题。与公路工程造价管理实行政府监督、法人负责、设计控制、监理监控、施工自控的多级管理体系相对应，进行具体规定。

（2）明确建设单位负项目造价控制的主体责任，勘察设计负造价文件编制责任，以及造价应遵循的基本原则。

（3）明确自立项至竣工验收全过程的造价约束和控制的关系。

（4）根据法律、法规等规定对公路工程项目投资估算、设计概算、施工图预算、招标计价、控制价、合同管理、设计变更、竣工决算、养护、营运等全部环节的编制、审查（核）、审批、认定在程序和原则上进行明确。

第五章　执 业 管 理

1. 必要性

（1）行业发展的刚性需求。日益增长的人才需求和市场从业无序现状，要求政府加强规范，建立健全规范的持证上岗、注册管理、登记备案及信用管理等制度。

（2）建立规范有序的咨询市场的需求。加强政策引导，理顺市场竞争关系和人员水平良莠不齐的现状，行成良好的从业秩序。

（3）行业监管职责的需要。发挥政府职能，从促进市场公平和对公众负责的角度，加强从业单位与人员管理，通过信用评价的手段间接调控市场，强化管理和风险防范。

2. 目的与作用

（1）以减少门槛和准入环节为原则，以处理好政府和市场的关系为导向，以加强信用评价管理作为最有效的市场监管手段。

（2）明确公路工程造价活动从业资格。规范从业单位行为和从业人员资格、注册、诚信管理，提高从业单位和人员水平，增强其责任意识，为造价管理工作提供基础保障。

（3）规范引导造价从业行为，明确违规范围，加强对公路建设市场造价从业队伍和人员的有效监管。

第六章　造价信息管理

1. 必要性

造价信息管理是造价管理的基本工作和重要手段，建立并不断完善历史造价数据的积累制度有利于合理控制造价，更好地服务政府和社会。政府信息公开是社会主义民主政治建设的一个重要方面，是社会主义法治国家建设的重要环节。实现人民主权和公民参与权，必然要求建立政府信息公开制度。造价信息公开，一方面促进公民知晓并参与监督，另一方面又能够有效预防腐败。“阳光”是最好的防腐剂,引进公众和社会对公路工程造价管理工作的监督,是最经济、最有效、最直接的监督方式。无论是从促进公平公正,打造“阳光造价”的角度,还是从提升造价管理质量的需要,都有必要将公路工程造价信息向社会公开,接受社会监督。

2. 目的与作用

加强造价信息管理和工程造价资料积累,明确造价信息应实行统一规范、分级管理,以保证造价信息制度的建立及落实;公路工程造价信息应公开,直面社会监督,打造“阳光造价”;同时加强审核,保证涉密信息安全。

第七章 造价监督

1. 必要性

监督作为管理的重要手段,对规范从业单位和个人的造价行为,对发现、纠正、遏制违法、违规造价行为起到重要的保障作用。

2. 目的和作用

(1)明确监管主体、方式和内容。解决公路工程造价监管机制不健全,监管不到位的问题。

(2)掌握工程建设全过程造价情况,监管程序涵盖各环节(初步设计前、施工过程中、竣工验收时),及时协调发现解决工程的造价问题,组织考核评价,落实“事前预控,事中管控,事后考核”的管理原则。

第八章 法律责任

从建设项目前期造价控制与确定、招标阶段招标控制价确定与招标合同签订、交工验收后决算认定、执行单位和个人及造价软件准入管理等方面,采用行政处罚、处分、罚款、警告等手段,对违反《办法》规定的从事造价活动的国家工作人员、执业单位和个人给予处罚,起到预防兼具惩罚的目的,保障“依法管价、科学计价、合理定价、阳光造价”的有效落实。

第二节 全过程造价监管和计价依据的条文和释义

《办法》(建议稿)框架中分别设立了第五章造价计价标准和第七章造价监督两个章节,同时将涉及造价监管的有关规定分列在第一章总则、第二章造价管理机构及职责中,并将“造价信息管理”这一造价监管手段单列为第六章,根据各自的必要性、目的作用,起草了具体内容。

一、造价监管部分

第一章 总 则

第三条 公路工程造价管理是公路基本建设程序的重要组成部分。

宗旨是依法管价、科学计价、合理定价、阳光造价，提升社会效益、经济效益。建立造价监督、造价控制、市场准入、信息公开等造价管理制度。

【注释】 本条是关于造价管理是公路基本建设程序的重要组成部分以及宗旨的规定。其中包括建立造价监管制度的规定。

第四条 公路工程造价管理实行政府监管、法人负责、设计控制、监理监控、施工自控的管理体系。

【注释】 本条是关于造价管理体系的规定。

第二章 造价管理机构及职责

第九条 国务院交通运输主管部门主要职责：

（一）贯彻执行国家有关法律、法规，制定全国公路工程造价管理的规章制度；

（二）负责全国公路工程造价的监督管理；

（三）组织制定全国公路工程造价计价标准；

（四）负责国家重点公路建设项目工程可行性研究估算行业审查、初步设计概算、重大变更费用的审批、工程决算认定；

（五）负责公路工程造价从业单位和个人执业管理，组织对造价从业单位和个人的信用评价考核工作；

（六）指导省级交通运输主管部门的公路工程造价管理工作；

（七）其他法律法规规定的相关职责。

【注释】 本条是国家层面交通运输主管部门在造价监管职责方面的规定。

第十条 省级交通运输主管部门主要职责：

（一）贯彻执行国家有关法律、法规、规章，制定本行政区域公路造价管理制度、规定；

（二）负责本行政区域内的公路工程造价的监督管理；

（三）组织制定本行政区域内的公路工程造价计价标准；

（四）负责本行政区域内的国家重点建设项目初步设计概算、重大变更费用、工程决算的预审，施工图预算、招标控制价、较大变更费用的审批；

（五）负责本行政区域内除国家重点公路建设项目外的工程可行性研究估算

行业审查、初步设计概算、施工图预算、招标控制价、重较大变更费用的审批、工程决算认定；

(六)负责本行政区域内公路工程造价从业单位和个人执业及信用评价考核预审工作；

(七)指导省级以下交通运输主管部门的公路工程造价管理工作；

(八)其他法律法规规定的相关职责。

【注释】 本条是省级层面交通运输主管部门在造价监管职责方面的规定。

第六章 造价信息管理

第二十九条 公路工程造价信息实行统一规范、分级管理。

(一)国务院交通运输主管部门负责建立造价信息管理制度,指导、监督、评价全国公路工程造价信息管理工作,建立、维护全国造价信息平台；

(二)省级交通运输主管部门贯彻执行交通运输部造价信息管理、公开制度,制定本地区造价信息管理细则,负责指导、监督评价本地区公路工程造价信息管理、公开工作,建立、维护省级造价信息平台,收集、整理、分析国家、地区重点公路工程建设项目造价信息；

(三)项目法人负责管理及上报建设项目造价信息；

(四)其他涉及公路造价的从业单位有义务提供相关造价信息。

【注释】 本条是关于造价信息实行统一规范、分级管理,管理工作内容的规定。

第三十条 公路工程造价信息应公开。建立以造价管理制度、计价标准、审批程序、项目各阶段批复造价等为主要公开内容的国家、省级信息公开平台。制定公开程序、方法、内容,以真实、及时、简明易懂为原则向社会公开,服务社会,接受监督。

【注释】 本条是关于造价信息公开的规定。

第三十一条 公开信息应严格审核,保证涉密信息安全。

【注释】 本条是关于造价信息公开安全的规定。

第七章 造 价 监 督

第三十二条 交通运输主管部门应制订年度监督计划和方案,开展监督检查、考核评价。

【注释】 本条是关于交通运输主管部门造价监督工作职责的具体规定。

第三十四条 公路工程造价监管应包括的主要内容：

(一)监督检查造价从业单位和个人对国家工程造价的法律、法规、政策、标准的执行情况；

（二）监督检查各阶段对造价批复意见的执行情况；

（三）工程变更是否符合相关规定，变更原因及费用是否合理；

（四）公路造价从业单位和个人的执业和信用评价情况；

（五）其他相关事项。

【注释】 本条是关于造价监管主要内容的规定。

第三十五条 公路工程造价监管应形成年度造价监督报告，并向社会通报。

【注释】 本条是关于形成造价监督报告的规定。

二、造价计价标准

第十二条 国务院交通运输主管部门制定的公路工程造价计价标准为全国统一的公路工程造价计价标准，凡在中华人民共和国境内的公路工程应当遵照执行；省级交通运输主管部门制定的补充计价标准，在其行政区域内的公路工程应当遵照执行。

【注释】 本条是关于公路工程造价计价标准实行分级管理的规定。

公路工程标准体系中造价类标准应由国务院交通运输主管部门组织制定修订并发布，其管理权和解释权归交通运输部。对公路工程标准体系中造价类标准进行补充的计价标准，由省级交通运输主管部门结合本省工程实际情况组织制定修订并发布，并报交通运输部备案，其管理权和解释权归各省交通运输主管部门。

第十四条 交通运输主管部门应当建立造价计价标准制定制度。鼓励社会相关单位参与造价计价标准的制定工作，鼓励施工企业建立企业内部造价计价标准。施工单位有义务提供计价标准制修订所需的基础数据。

【注释】 本条是关于公路工程造价计价标准制定的规定。

鼓励社会相关单位参与造价计价标准的制定工作，鼓励施工企业建立企业内部造价计价标准，相关单位有提供基础数据的义务。

第十五条 公路工程项目建设过程中采用新材料、新工艺、新设备、新结构时，项目法人应当组织制定以上“四新”工艺相关计价依据。

【注释】 本条是关于项目法人组织制定“四新”工艺相关计价依据的规定。

第三节 《公路工程造价管理办法》（建议稿）的主要内容

根据交通运输部的工作安排，为尽早发布试行《办法》，发挥其引导、推动性作用,在各种研究结果的基础上,起草了《办法》(建议稿),内容详见附录 A。

第四节 小 结

按照转变交通运输发展方式,加快推进“四个交通”建设的总体要求,组织颁布《办法》,定位为交通运输部部门规章,作为公路工程造价管理的纲领性文件,解决长期以来公路造价管理无法可依、无章可循的局面。建立健全公路工程造价管理的法规制度、管理体系、标准体系、监督机制,规范公路工程造价市场从业行为,最终实现:依法管价、科学计价、合理定价、阳光造价,推行造价信息公开制度,推动公路健康发展,提高社会、经济效益。

第五章　公路工程造价标准体系框架及内容

公路工程造价标准体系的建立是系统工程，涉及公路参建各方造价活动的规范性。为制定科学合理的公路工程造价标准体系，全面收集整理相关的国家、行业、地方标准，调查研究公路参建各方对造价文件使用情况及需求，向中国工程建设标准化协会公路分会、吉林省标准研究院进行咨询，研究公路造价标准方面的现状及其发展趋势，制定公路工程造价标准体系框架。

第一节　公路工程造价类标准框架建立的原则

公路工程造价类标准框架应按照国家标准框架制定原则建立，即“目标明确、全面成套、层次适当、划分清楚”。公路工程造价类标准框架的建立应具有前瞻性，适当超前，为新标准预留一定空间。本标准框架体系为行业标准体系中的一部分，应与行业标准的制订原则和趋势相一致。

一、目标明确

公路工程造价标准体系是公路工程标准体系的重要组成部分，公路工程造价标准体系现阶段尚未建立。为完善公路工程标准体系，规范公路工程造价标准的规划、编制，指导和推进我国公路工程造价标准化工作，提高公路工程造价管理水平，建立公路工程造价标准体系。

二、全面成套

体系包含公路建设及养护管理全部内容，涵盖了项目前期阶段、设计阶段、施工阶段、竣工阶段，不同阶段的工程造价对应不同的造价标准，体系中的标准贯穿全过程造价管理的各个阶段。

三、层次适当

标准框架层次划分与公路工程标准体系相一致，按标准性质分为强制性和推荐性两个层面。

四、划分清楚

体系中的各标准界面清晰，适用范围明确，内容不互相重叠。

第二节　公路工程造价类标准框架的主要内容

公路工程造价类标准体系由横向结构和纵向层次组成。

横向结构按建设性质分为两部分：公路基本建设工程造价标准、公路养护工程造价标准。

纵向分为两个层面，行业强制性标准和行业推荐性标准。

第一层面：行业强制性标准，包括编制规程、规范等。强制性标准，在一定范围内通过法律、行政法规等强制性手段加以实施的标准，具有法律属性。强制性标准一经颁布，必须贯彻执行。

第二层面：行业推荐性标准，包括指南、定额、指标等。推荐性标准，是指生产、交换、使用等方面，通过经济手段或市场调节而自愿采用推荐性标准的一类标准。推荐性标准不具有强制性，但推荐性标准一经接受并采用，就成为各方共同遵守的技术依据，具有法律上的约束性。

一、公路基本建设工程造价标准

该部分按基本建设程序各个阶段对应的工程造价分为投资估算、初步设计概算、施工图预算、清单预算、投标报价、竣工决算，不同阶段的工程造价对应不同的造价标准及造价基础标准。

（一）造价基础标准

该部分为纲领性综合文件，包含造价文件编制标准、计价依据制定的标准。

第一层面（行业强制性标准）：包括《公路工程建设项目造价文件编制规程》（JTG M10—20××）。

第二层面（行业推荐性标准）：包括《公路工程计价依据编制指南》（JTG/T M11—20××）、《公路工程造价信息平台及数据连接标准》（JTG/T M12—20××）。

（二）投资估算造价标准

第一层面（行业强制性标准）：《公路基本建设工程投资估算编制规范》（JTG

M20—2011)。

第二层面(行业推荐性标准):《公路工程估算指标》(JTG/T M21—2011)。

(三)概算、预算造价标准

第一层面(行业强制性标准):《公路工程基本建设项目概算预算编制规范》(JTG M30—20××)。

第二层面(行业推荐性标准):包括《公路工程概算定额》(JTG/T M31—20××)、《公路工程预算定额》(JTG/T M32—20××)、《公路工程机械台班费用定额》(JTG/T M33—20××)。

(四)清单预算、投标报价造价标准

第一层面(行业强制性标准):交通运输部还未计划出台此方面的强制性标准。

第二层面(行业推荐性标准):《公路工程工程量清单计价计量规范》(JTG/T M41—20××)。

(五)竣工决算造价标准

第一层面(行业强制性标准):《公路工程基本建设项目决算编制规范》(JTG M50—20××)。

第二层面(行业推荐性标准):交通运输部还未出台此方面的推荐性标准。

二、公路养护工程造价标准

公路养护工程造价标准是按现阶段公路养护工程的现状和特点编制的。

第一层面(行业强制性标准):包括《公路养护工程项目造价文件编制规程》(JTG M60—20××)、《公路养护工程预算编制规范》(JTG M70—20××)、《公路养护工程项目决算编制规范》(JTG M80—20××)。

第二层面(行业推荐性标准):包括《公路养护工程日常养护指标》(JTG/T M71—20××)、《公路养护工程预算定额》(JTG/T M72—20××)。

第三节　公路工程造价类标准介绍

对公路工程造价类标准体系中所包含的各标准,分别从目的作用、主要内容、适用范围、标准性质进行说明。

1.《公路工程建设项目造价文件编制规程》(JTG M10—20××)

目的或作用:为适应公路全过程造价管理的需要,指导公路工程建设项目各阶段造价文件的规范化编制,提高造价文件的编制质量,解决造价计价体系在工程前期设计阶段与实施阶段关联性不强。

主要内容:总则、专用术语和符号、公路工程建设项目造价文件体系、公路工程造价项目分类及编码、工程前期阶段的造价文件编制、工程实施阶段的造价文件编制、竣(交)工阶段的造价文件编制、附录。

适用范围:新建、改扩建建造价文件的编制管理。

标准性质:强制性。

2.《公路工程计价依据编制指南》(JTG/T M11—20××)

目的或作用:为规范公路工程计价依据的编制方法、编制程序、质量要求,提高计价依据编制的质量和标准化水平,提升计价依据的管理水平。

主要内容:总则,定额的编制(编制依据、数据采集、编制方法、测算方法),人工费单价的确定(编制依据、制定主体、制定原则、影响因素、计算方法),材料价格的确定(材料原价调查方法、编制方法、测算方法、发布方式),造价管理台账的编制(台账的项目组成和格式、编制要求),造价指标、造价分析(数据采集方式、计算方法,编制要求)的编制,附录。

适用范围:公路基本建设工程、公路养护工程的计价依据的编制。

标准性质:推荐性。

3.《公路工程造价信息平台及数据交换标准》(JTG/T M12—20××)

目的或作用:建立前期阶段与工程实施阶段的造价数据之间的关联标准,以及造价标准中各层次间的应建立对应关系的连接标准,从技术上实现全过程造价数据贯通;规范公路工程各类计价软件和数据库的数据输入、输出要求,以实现数据在不同计价软件、不同数据库之间的共享和交换。

主要内容:总则,专业术语,设计工程量数据、工程量清单数据、概预算项目清单数据、计价定额子项数据之间的对应标准及报表展示方式标准,公路造价文件编制采用的工具软件接口及造价数据信息化管理平台的交换标准。

适用范围:应用于公路工程项目实施阶段及项目竣(交)工阶段的造价文件,应用于造价文件软件编制的数据交换,信息化数据管理平台的数据接口。

标准性质:推荐性。

4.《公路工程基本建设工程投资估算编制规范》(JTG M20—2011)

目的或作用:投资估算是项目建议书和工程可行性研究报告的重要组成部分,是建设项目经济评价中支出费用的关键部分。为在公路建设项目前期合理确定和有效控制工程造价,提高公路建设项目投资估算的编制质量,规范投资估算文件的编制。

主要内容：总则，投资估算编制方法，投资估算费用标准和计算方法及附录。

适用范围：新建和改扩建的公路工程基本建设项目投资估算的编制和管理。

标准性质：强制性。

5.《公路工程估算指标》（JTG/T M21—2011）

目的或作用：为编制公路工程项目建议书和可行性研究报告投资估算提供依据，也可作为技术方案比较的参考。

主要内容：以人工、材料、机械台班消耗量表现的指标。由路基工程、路面工程、隧道工程、涵洞工程、桥梁工程、交叉工程、交通工程及沿线设施、临时工程共八章及附录组成。

适用范围：公路新建和改扩建工程估算的编制。

标准性质：推荐性。

6.《公路工程基本建设项目概算预算编制规范》（JTG M30—20××）

目的或作用：为构建节约型公路行业，适应公路交通建设发展的需要，合理确定和有效控制工程造价，提高公路建设项目工程造价的编制质量，规范工程造价文件的编制。

主要内容：总则，概预算编制方法，概预算费用标准和计算方法，附录。

适用范围：新建和改建的公路工程基本建设项目概算、预算的编制和管理。

标准性质：强制性。

7.《公路工程概算定额》（JTG/T M31—20××）

目的或作用：是全国公路专业统一定额，是编制初步设计概算的依据，也是编制建设项目投资估算指标的基础。

主要内容：以人工、材料、机械台班消耗量表现的工程概算定额。由路基工程、路面工程、隧道工程、涵洞工程、桥梁工程、交通工程及沿线设施、临时工程共七章及附录组成。

适用范围：新建和改扩建的公路工程基本建设项目概算的编制。

标准性质：推荐性。

8.《公路工程预算定额》（JTG/T M32—20××）

目的或作用：预算定额是全国公路专业统一定额，是编制施工图预算、确定建筑安装工程造价的基础；是编制施工组织设计的依据；是施工单位进行经济活动分析的依据；是编制概算定额的基础；是合理编制招标控制价、投标报价的基础。

主要内容：以人工、材料、机械台班消耗量表现的工程预算定额。由路基工程、路面工程、隧道工程、桥涵工程、防护工程、交通工程及沿线设施、临时工程、材料采集及加工、材料运输共九章及附录组成。

适用范围:新建和改扩建的公路工程基本建设项目预算的编制及招标控制价的编制。

标准性质:推荐性。

9.《公路工程机械台班费用定额》(JTG/T M33—20××)

目的或作用:是《公路工程预算定额》《公路工程概算定额》《公路养护工程预算定额》的配套定额,是编制公路基本建设工程概算预算、公路养护工程预算时确定机械台班预算价格的依据。

主要内容:按照机械的作业对象划分为11类,包括土石方工程机械,路面工程机械,混凝土及灰浆机械,水平运输机械,起重及垂直运输机械,打桩、钻孔机械,泵类机械,金属、木、石料加工机械,动力机械,工程船舶,其他机械等。

适用范围:公路基本建设工程和公路养护工程估算、概算、预算机械台班单价的编制。

标准性质:推荐性。

10.《公路工程工程量清单计价计量规范》(JTG/T M41—20××)

目的或作用:为规范公路工程工程量清单计价行为,统一公路工程工程量清单的编制和计价方法。

主要内容:总则,术语,工程量清单(应增补机电、房建等)编制,工程量清单计价,工程量清单及其计价格式,附录。

适用范围:公路工程工程量清单计价活动。

标准性质:推荐性。

11.《公路工程基本建设项目决算编制规范》(JTG M50—20××)

目的或作用:为加强公路建设项目投资管理,严格控制建设成本,提高投资效益,加强公路建设项目决算的编制质量,规范决算文件的编制。

主要内容:总则,决算编制方法,决算费用标准和计算方法,附录。

适用范围:由政府或国有经济组织投资的公路工程新建和改扩建项目,其他公路建设项目可参照执行。

标准性质:强制性。

12.《公路养护工程项目造价文件编制规程》(JTG M60—20××)

目的或作用:为适应公路养护过程造价管理的需要,指导公路养护工程项目各阶段造价文件的规范化编制,提高造价文件的编制质量。

主要内容:总则,专用术语和符号,公路养护工程项目造价文件体系,公路养护工程造价项目分类及编码,养护工程实施阶段的造价文件编制,竣(交)工阶段的造价文件编制,附录。

适用范围:养护工程造价文件的编制管理。

标准性质:强制性。

13.《公路养护工程预算编制规范》(JTG M70—20××)

目的或作用:为统一公路养护工程预算的编制方法及取费标准,加强公路养护工程费用的计划管理和生产管理,合理确定公路养护工程造价。

主要内容:总则,预算编制方法,预算费用组成内容及计算方法,附录。

适用范围:国道、省道、县道的日常养护(小修保养)、预防性养护、功能修复(中修工程)、结构修复(大修工程)。

标准性质:强制性。

14.《公路养护工程日常养护指标》(JTG/T M71—20××)

目的或作用:依据《公路养护技术规范》对养护工程类别的划分,编制相应的日常养护预算指标,指导公路养护工程日常养护计划列支。

主要内容:以人工、材料、机械台班消耗量表现的指标,内容包含路基、路面、隧道、桥涵、交通工程及沿线设施等。

适用范围:公路养护的日常养护工程。

标准性质:推荐性。

15.《公路养护工程预算定额》(JTG/T M72—20××)

目的或作用:养护工程预算定额是全国公路专业统一定额,是编制养护工程施工图预算的基础;是编制养护工程施工组织设计的依据;是养护工程施工单位进行经济活动分析的依据。

主要内容:以人工、材料、机械台班消耗量表现的养护工程预算定额。包括由路基工程、路面工程、隧道工程、桥涵工程、防护工程、交通工程及沿线设施、临时工程、机电工程及附录组成。目前交通运输部正在组织编制《公路桥梁加固工程预算定额》《公路隧道养护维修工程预算定额》,其他章节如路基工程、路面工程等由各省自行编制。待时机成熟,由交通运输部统一编制。

适用范围:国道、省道、县道的预防性养护、功能修复(中修工程)、结构修复(大修工程)。

标准性质:推荐性。

16.《公路养护工程项目决算编制规范》(JTG M80—20××)

目的或作用:为加强公路养护工程项目投资管理,严格控制养护成本,提高养护投资效益,提高养护工程项目决算的编制质量,规范决算文件的编制。

主要内容:总则,决算编制方法,决算费用标准和计算方法,附录。

适用范围:由政府或国有经济组织投资的公路养护工程项目,其他公路养护项目可参照执行。

标准性质:强制性。

第四节　小　　结

本章介绍了公路工程造价类标准框架的构成,并对框架内应包含的标准及各标准的目的或作用、主要内容、适用范围、标准性质进行阐述,为完善《公路工程计价标准体系》提供依据和支撑。

第六章　关于公路工程造价管理的建议

当前，公路建设成本不断上升，建设资金相对不足，加强公路工程造价管理，提高公共投资效益，维护国家、社会公共利益及各方的合法权益，显得尤为重要和紧迫。按照转变政府职能的要求，履行好市场监管和公共服务职能，更好地发挥工程造价管理的引导和约束作用，交通运输行业在造价控制管理方面的政策建议如下。

第一节　建立公路工程造价管理的法律和法规体系

建议尽快建立公路工程造价管理的法律、法规体系，解决长期以来造价管理无法可依、无章可循的局面。

(1)法律层面，最理想的是在《中华人民共和国公路法》中明确公路工程造价管理的主体和职责。

(2)国家法规、规章层面，尽快颁布实施交通运输部部门规章《公路工程造价管理办法》(以下简称“办法”)。作为公路工程造价管理的纲领性文件，明确国家、地方交通运输主管部门监管职能，造价管理机构性质、职责，公路各参建单位的管理责任，造价管理阶段划分，造价确定与控制的内容、手段，以及造价计价标准，监督管理，造价信息管理，执业管理等规定。

《办法》是纲领性文件，为更好地贯彻国家新的政策规定，满足造价管理的实际需要，可以对《办法》未详细或不宜详细规定的管理内容进行有益的补充，制定其他相应的管理办法，如《公路工程造价监督管理办法》《公路工程造价信息公开制度》《公路工程造价计价依据管理办法》等。

(3)地方法规、规章、制度层面，根据本行政区域内造价管理的实际需要，依据国家的法律法规、规章制度，制定地方法规、规章，如地方人大制定发布地方法规或省长令等。

(4)国家、地方可根据造价管理的情况和需求，在不同时期、不同阶段，制定发布相应的造价管理政策和指导意见。

第二节　明确造价管理是基本建设程序的重要组成部分

公路建设工程造价管理是公路基本建设程序关键环节，贯穿公路建设项目立项、设计、实施直至交竣工验收全过程，合理确定和有效控制工程投资，对工程建设质量和安全有重要保障作用。

建议积极推行全过程造价管理，充分发挥市场作用，减少审批环节，严格立项设计阶段造价管控，着重加强施工过程中造价监督管理和交工验收后考核评价，在法规中明确工程决算认定是竣工验收的必要条件，确保公路工程造价投资效益。

第三节　推行造价信息公开，打造“阳光造价”

造价信息公开，引进公众和社会对公路工程造价管理工作的监督，是最经济、最有效、最直接的监督方式，是打造“阳光造价”的有效手段。

建议政府公开财政审批的建设项目造价信息，做到资金使用情况公开透明。交通运输部具体制定公开程序、方法、内容，以真实、及时、简明易懂为原则向社会公开，接受监督。公开信息应严格审核，保证涉密信息安全。

第四节　规划造价行业行为，发挥市场作用

公路工程造价管理需要顺应国家改革发展的形势，根据“十八大”在资源配置上市场起决定性作用的精神，加快政府职能转变，规划造价行业行为，加强造价管理的引导和约束力度，发挥市场决定性作用，提高公共服务水平。

建议结合事业单位改革，规划造价管理的政府职能和市场职能。政府应减少建设前期行政审批，着重过程中造价监督管理，造价审核等工作可以向市场购买服务；建立造价队伍包括执业单位和个人的信用评价体系，形成市场上的优胜劣汰，提高造价队伍整体水平；形成造价数据市场化，基础数据的采集、整理、编制、测算分析可以由交通运输主管部门委托造价咨询单位或其他社会组织，交通运输主管部门审定、发布。

第五节　建立公路工程造价类标准体系

建立公路工程造价标准体系，对完善公路工程标准体系，规范公路工程造价标

准的规划、编制，指导和推进我国公路工程造价标准化工作有着重要意义。体系的建立为加强公路工程造价管理，合理确定和有效控制公路工程造价提供了基础性技术支撑。

建议交通运输部在公路工程标准体系框架下尽快完善公路工程造价标准体系，指导公路工程造价管理标准化工作的开展。

第六节　建立全国造价信息平台

信息平台，是政府信息公开的窗口，是提供公共服务、接受社会监督的渠道。

建议建立全国造价信息平台，将造价管理信息化，提高公共服务水平，加强市场监管，为实现“阳光造价”奠定基础。

全国造价信息平台，可实现造价管理政策法规、计价依据、造价信息和造价咨询等政务信息的查询；公路定额基础数据录入、定额编制、定额水平测算分析等定额采集与编制功能；材料料场、价格，运输方式及运费等价格信息的上传、分析与查询；执业单位、个人基本信息登记、管理业绩、信用评价等市场监管的功能；历史造价数据的录入、查询、分析等大数据库的功能。

第七节　建立养护和运营造价管理体系

公路养护、营运期间工程造价管理对保证良好的路况水平，桥梁、隧道营运安全，为公众便捷安全出行提供服务具有重要意义。

建议交通运输部在注重公路工程基本建设造价管理的同时，建立养护、运营管理的基本概念，制定短期管理、长期管理规划，各级交通运输主管部门，积累相关资料，建立包含内容、范围、方式方法等的养护、运营造价管理体系，更好地发挥工程造价管理对公路建设、养护、营运的引导和约束作用。

参考文献

[1] 中华人民共和国国家标准. GB/T 1.1—2009 标准化工作导则 第1部分:标准的结构和编写[S]. 北京:中国标准出版社,2009.

[2] 中华人民共和国行业标准. JTG A02—2013 公路工程行业标准制修订管理导则[S]. 北京:人民交通出版社,2013.

[3] 中华人民共和国行业标准. JTG A04—2013 公路工程标准编写导则[S]. 北京:人民交通出版社,2013.

[4] 交通专业人员资格评价中心,交通公路工程定额站. 公路工程定额编制与管理[M]. 北京:人民交通出版社,2010.

[5] 全国造价工程师执业资格考试培训教材编审委员会. 建设工程计价[M]. 北京:中国计划出版社,2013.

[6] 本社. 公路工程竣(交)工验收办法[M]. 北京:人民交通出版社,2010.

[7] 白殿一,等. 标准的编写[M]. 北京:中国标准出版社,2009.

[8] 交通部规划研究院. 公路造价管理体系研究[R]. 2007.

[9] 交通运输部公路局,全国公路工程造价管理工作调研组. 全国公路工程造价管理工作调研报告(第V稿)[R]. 2013.

[10] 全国公路工程造价管理工作调研组. 全国公路工程造价管理工作专题调研报告[R]. 2011.

[11] 交通运输部公路局赴美公路造价监管培训团. 赴美国公路工程造价监管培训报告[R]. 2013.

附录A 《公路工程造价管理办法》

（建议稿）

第一章 总 则

第一条 为加强公路工程造价管理，合理确定投资，有效控制工程造价，提高公共投资效益，维护国家、社会公共利益及建设各方的合法权益，根据《中华人民共和国公路法》《中华人民共和国招标投标法》《中华人民共和国价格法》等法律、法规和规章，制定本办法。

第二条 在中华人民共和国境内从事公路建设、养护造价，以及运营服务成本分析与评估的活动适用本办法。

本办法所称公路工程造价，是指公路工程建设项目从筹建到竣工验收以及交付使用后养护运营所需全部费用。

第三条 公路工程造价管理是公路基本建设程序的重要组成部分。宗旨是依法管价、科学计价、合理定价、阳光造价，提升公路发展社会、经济效益。建立造价监督、造价控制、市场准入、信息公开等造价管理制度。

第四条 公路造价管理实行政府监督、法人负责、文件控制、监理监控、施工单位自控的管理体系。各级交通运输主管部门对工程造价负有政府监督行政职能，项目法人对工程造价负全过程主体控制责任，其他从业单位和个人按照各自职责对工程造价负相应责任。

第五条 从事公路工程造价活动应当遵循合法、公正、公开、诚实信用的原则。

第六条 各级交通运输主管部门是公路工程造价管理的行政管理部门，所属的公路工程造价管理机构承担具体工作。

第七条 各级交通运输主管部门应加强造价管理制度建设，推动政府在造价管理方面职能转变，发挥市场在造价管理中的作用，推进政府在造价管理向社会力量购买服务。

第二章 造价管理机构及职责

第八条 公路工程造价管理实行统一领导、分级管理。国务院交通运输主管部门负责全国公路工程造价管理,省级及以下交通运输主管部门负责本行政区域内公路工程造价管理。各级交通运输主管部门及所属的公路工程造价管理机构,根据职责行使行政职能。

第九条 国务院交通运输主管部门主要职责:

(一)贯彻执行国家有关法律、法规,制定全国公路工程造价管理的规章制度;

(二)负责全国公路工程造价的监督管理;

(三)组织制定全国公路工程造价计价标准;

(四)负责国家重点公路建设项目工程可行性研究估算行业审查、初步设计概算、重大变更费用的审批、工程决算认定;

(五)负责公路工程造价从业单位和个人执业管理,组织对造价从业单位和个人的信用评价考核工作;

(六)指导省级交通运输主管部门的公路工程造价管理工作;

(七)其他法律法规规定的相关职责。

第十条 省级交通运输主管部门主要职责:

(一)贯彻执行国家有关法律、法规、规章,制定本行政区域公路造价管理制度、规定;

(二)负责本行政区域内的公路工程造价的监督管理;

(三)组织制定本行政区域内的公路工程造价计价标准;

(四)负责本行政区域内的国家重点建设项目初步设计概算、重大变更费用、工程决算的预审,施工图预算、招标控制价、较大变更费用的审批;

(五)负责本行政区域内除国家重点公路建设项目外的工程可行性研究估算行业审查、初步设计概算、施工图预算、招标控制价、重较大变更费用的审批、工程决算认定;

(六)负责本行政区域内公路工程造价从业单位和个人执业及信用评价考核预审工作;

(七)指导省级以下交通运输主管部门的公路工程造价管理工作;

(八)其他法律法规规定的相关职责。

第十一条 省级以下交通运输主管部门根据实际情况制定公路工程造价管理工作职责。

第三章 造价计价标准

第十二条 国务院交通运输主管部门制定全国统一的公路工程造价计价标准,凡在中华人民共和国境内的公路工程应当遵照执行;省级交通运输主管部门制定补充计价标准，在其行政区域内的公路工程应当遵照执行。

第十三条 交通运输主管部门应定期对公路工程造价计价标准进行复审，及时组织修订和完善，确保造价计价标准随国家有关政策同步调整，并与公路工程技术发展水平相适应。

第十四条 交通运输主管部门应当建立造价计价标准制定制度。鼓励社会相关单位参与造价计价标准的制定工作，鼓励施工企业建立企业内部造价计价标准。施工单位有义务提供计价标准制修订所需的基础数据。

第十五条 公路工程项目实施过程中采用新材料、新工艺、新设备、新结构等“四新”工艺时，项目法人应当组织制定“四新”工艺相关计价依据。

第四章 造价确定与控制

第十六条 公路工程造价确定与控制实行责任制。项目法人对工程造价负全过程主体控制责任，其他从业单位和个人按照各自职责对工程造价负相应责任。

第十七条 公路工程勘察设计应当充分考虑项目实际，并结合项目使用功能，合理选择技术标准，优化设计方案，注重技术经济比选，科学确定建设规模，合理确定工程投资。

勘察设计单位应当按照勘察设计技术规范、规程、标准及基本建设程序编制工程造价。

第十八条 公路工程投资估算、概算、预算应当按照编制期的造价计价标准进行编制。

初步设计概算与已批准的投资估算之差，应控制在已批准投资估算的10%以内。经批准的概算是项目投资控制的最高限额，未经批准不得突破。

施工图预算应当控制在经批准的概算之内。

第十九条 实行招标的公路工程，应当采用工程量清单方式计价。公路建设工程招标文件应当明确造价计价事项。

第二十条 招标人编制的招标控制价不得超出对应的批复概算或者预算。

第二十一条 公路建设工程招标文件应当明确造价计价事项，发包人和承包人不得另行签订与招标投标文件不一致的合同。

第二十二条 公路工程施工阶段，发生设计变更时，应按规定程序确定变更费用。从事公路工程的任何单位和个人，在工程变更中不得出具虚假的计量计价报告，不得虚报工程造价。

第二十三条 公路工程交工验收时，项目法人应编制工程决算，工程决算由交通运输主管部门或其授权单位认定，未通过认定的项目不得组织竣工验收。

第二十四条 公路养护、运营、应急处置等造价管理工作应树立公路全寿命周期费用理念,做好公路养护、运营成本分析及评估。

第五章 执业管理

第二十五条 公路工程造价执业实施注册制度。公路工程造价咨询企业应依法取得资质证书,并在国务院交通运输主管部门登记备案。公路工程造价从业人员应取得公路造价人员资格并注册,方可从事公路工程造价活动。

第二十六条 从事公路工程造价活动的有关单位和个人,不得出具虚假计量计价报告,不得虚报工程造价。

第二十七条 从事公路工程造价活动的单位和个人禁止有下列行为:

(一)涂改、倒卖、出租、出借资质资格证书或者以其他形式非法转让资质资格证书;

(二)接受招标人和投标人或者2个以上投标人对同一工程项目的工程造价咨询业务;

(三)以给予回扣、恶意压低收费等方式进行不正当竞争;

(四)转包工程造价咨询业务;

(五)法律、法规禁止的其他行为。

第二十八条 省级交通运输主管部门应当建立健全公路工程造价咨询企业及人员的信用管理体系和诚信档案制度;对因违法违规行为受到处理的单位和个人,应当记入其诚信档案,并向社会公布。

第六章 造价信息管理

第二十九条 公路工程造价信息实行统一规范、分级管理。

(一)国务院交通运输主管部门负责建立造价信息管理制度,指导、监督、评价全国公路工程造价信息管理工作,建立、维护全国造价信息平台;

(二)省级交通运输主管部门贯彻执行交通运输部造价信息管理、公开制度,制定本地区造价信息管理细则,负责指导、监督评价本地区公路工程造价信息管理、公开工作,建立、维护省级造价信息平台,收集、整理、分析国家、地区重点公路工程建设项目造价信息;

(三)项目法人负责管理及上报建设项目造价信息;

(四)其他涉及公路造价的从业单位有义务提供相关造价信息。

第三十条 公路工程造价信息应公开。建立以造价管理制度、计价标准、审批程序、项目各阶段批复造价等为主要公开内容的国家、省级信息公开平台。制定公开程序、方法、内容,以真实、及时、简明易懂为原则向社会公开,增强工作透明度,接受社会监督。

第三十一条 公开信息应严格审核,保证涉密信息安全。

第七章 造价监督

第三十二条 交通运输主管部门应制订年度监督计划和方案,开展监督检查、考核评价。

第三十三条 各级交通运输主管部门应对项目法人的全过程造价管理进行监督。竣工验收时,交通运输主管部门应对项目法人的造价管理进行综合评价,形成监督报告并向竣工验收委员会报告。

第三十四条 公路工程造价监管应包括的主要内容:

(一)监督造价从业单位和个人对国家工程造价的法律、法规、政策、标准的执行情况;

(二)监督各阶段对造价批复意见的执行情况;

(三)工程变更是否符合相关规定,变更原因及费用是否合理;

(四)公路造价从业单位和个人的市场准入和信用评价情况;

(五)其他相关事项。

第三十五条 公路工程造价监管应形成年度造价监督报告,并向社会通报。

第八章 法律责任

第三十六条 国家工作人员在公路工程造价监督管理工作中,滥用职权、玩忽职守、徇私舞弊的,依法给予处分;构成犯罪的,依法追究刑事责任。

第三十七条 违反本办法第十六条规定,造成投资损失情节严重的,由县级以上交通运输行政主管部门处该建设工程总设计费5%以上20%以下的罚款。

第三十八条 违反本办法第二十条、第二十一条规定的,由县级以上交通运输行政主管部门责令改正,予以警告;可以并处5000元以上1万元以下罚款。

第三十九条 违反本办法第二十三条规定的,政府投资的项目由交通运输主管部门对项目法人给予行政处分,社会投资项目由交通运输主管停止联网收费拆账。

第四十条 违反本办法第二十五条规定的,由县级以上交通运输行政主管部门责令其退回虚报部分工程款,处虚报部分工程款1倍以上3倍以下的罚款。

第四十一条 违反本办法第二十六条规定的,由县级以上交通运输行政主管部门责令改正,对单位处5000元以上3万元以下罚款,对个人处300元以上1000

元以下罚款。

第四十二条 违反本办法第二十八条规定的,由县级以上交通运输行政主管部门责令改正,对单位处5000元以上3万元以下罚款,对个人处300元以上1000元以下罚款。

第九章 附 则

第四十三条 本办法由交通运输部负责解释。

第四十四条 本办法自××××年××月××日起施行。

附录 B　公路工程造价类标准框图

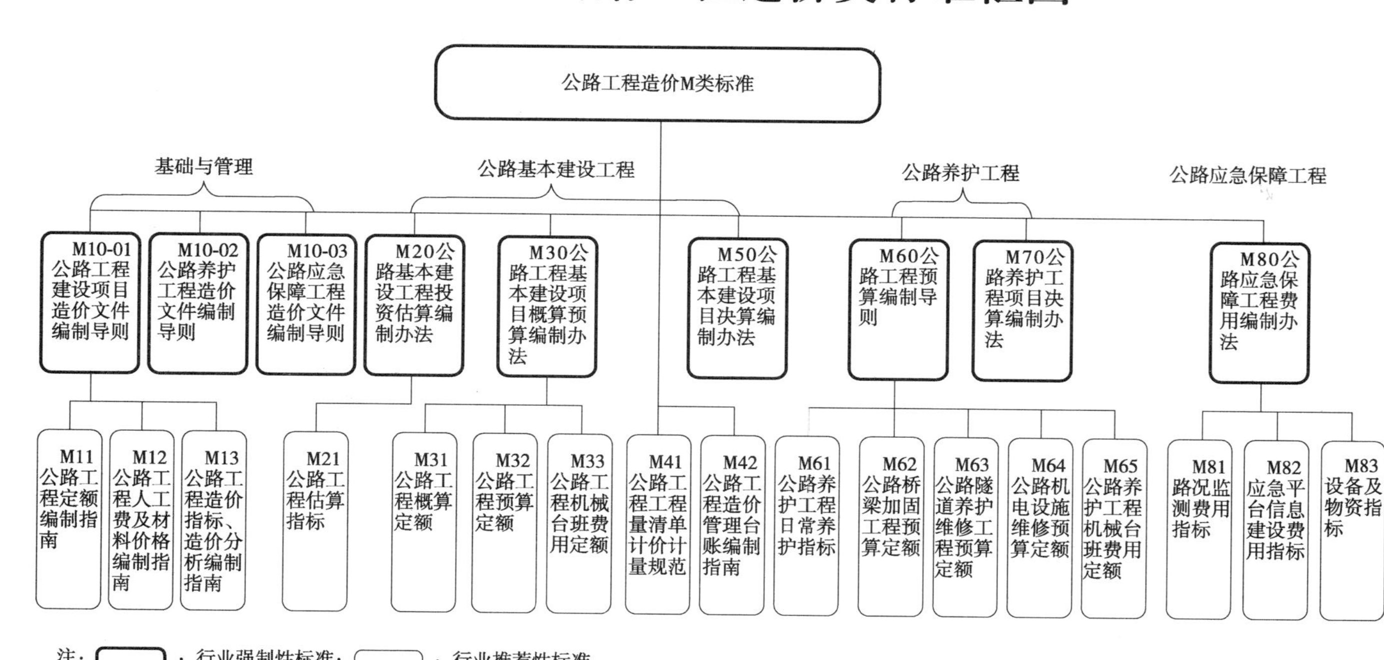

注：▭：行业强制性标准；▭：行业推荐性标准。

附图 B-1　公路工程造价类标准框图(方案一)

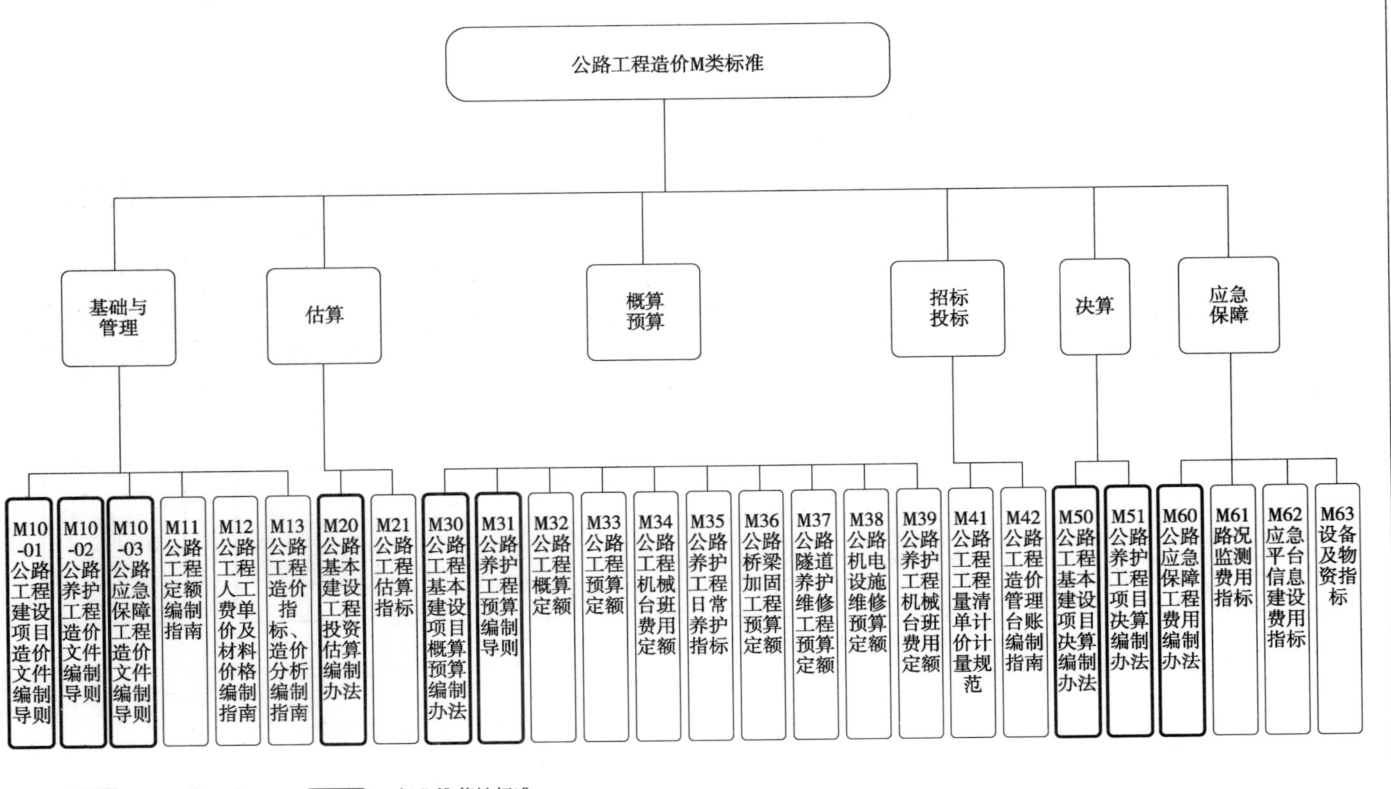

注：▭（粗框）：行业强制性标准；▭：行业推荐性标准。

附图 B-2　公路工程造价类标准框图（方案二）

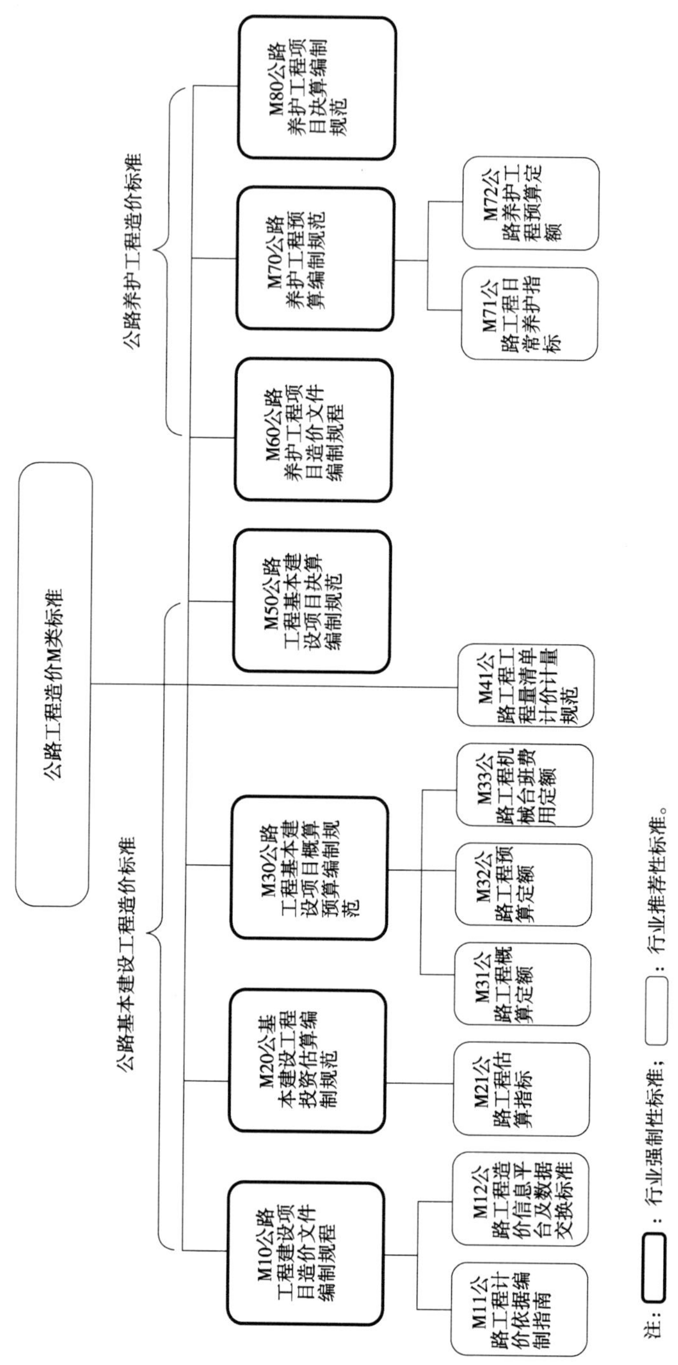

附图 B-3　公路工程造价类标准框图（方案三，推荐方案）

附录 C 《公路工程造价管理暂行办法》

（交通运输部令 2016 年第 67 号，于 2016 年 8 月 31 日经第 19 次部务会议通过）

第一章 总 则

第一条 为加强公路工程造价管理，规范造价行为，合理控制建设成本，保障公路工程质量和安全，根据《中华人民共和国公路法》等法律、行政法规，制定本办法。

第二条 在中华人民共和国境内的公路新建、改建、扩建工程（以下统称公路工程）的造价活动，适用本办法。

本办法所称公路工程造价活动，是指公路工程建设项目从筹建到竣工验收交付使用所需全部费用的确定与控制，包括投资估算、设计概算、施工图预算、标底或者最高投标限价、合同价、变更费用、竣工决算等费用的确定与控制。

第三条 公路工程造价活动应当遵循客观科学、公平合理、诚实信用、厉行节约的原则。

第四条 交通运输部负责全国公路工程造价的监督管理。

省级交通运输主管部门负责本行政区域内公路工程造价的监督管理。

第二章 造价依据

第五条 交通运输部制定公路工程造价依据。省级交通运输主管部门可以根据交通运输部发布的公路工程造价依据，结合本地实际，组织制定补充性造价依据。

前款所称造价依据，是指用于编制各阶段造价文件所依据的办法、规则、定额、费用标准、造价指标以及其他相关的计价标准。

第六条 交通运输部对通用性强、技术成熟的建设工艺，编制统一的公路工程定额。

省级交通运输主管部门对公路工程定额中缺项的，或者地域性强且技术成熟的建设工艺，可以编制补充性定额规定。

第七条 对交通运输主管部门制定的公路工程造价依据中未涵盖但公路工程需要的造价依据,公路工程建设单位应当根据该工程施工工艺要求等因素组织开展成本分析。

第八条 交通运输主管部门应当及时组织造价依据的编制和修订工作,促进造价依据与公路技术进步相适应。公路工程建设、勘察设计、监理、施工、造价咨询等单位应当给予支持和配合。

第九条 编制造价文件使用的造价软件,应当符合公路工程造价依据,满足造价文件编制需要。

第三章 造价确定和控制

第十条 公路工程造价应当针对公路工程建设的不同阶段,根据项目的建设方案、工程规模、质量和安全等建设目标,结合建设条件等因素,按照相应的造价依据进行合理确定和有效控制。

第十一条 建设单位承担公路工程造价控制的主体责任,在设计、施工等过程中,履行以下职责,接受交通运输主管部门的监督检查:

(一)严格履行基本建设程序,负责组织项目投资估算、设计概算、施工图预算、标底或者最高投标限价、变更费用、工程结算、竣工决算的编制;

(二)对造价进行全过程管理和控制,建立公路工程造价管理台账,实现设计概算控制目标;

(三)负责公路工程造价信息的收集、分析和报送;

(四)依法应当履行的其他职责。

第十二条 勘察设计单位应当综合分析项目建设条件,结合项目使用功能,注重设计方案的技术经济比选,充分考虑工程质量、施工安全和运营养护需要,科学确定设计方案,合理计算工程造价。

勘察设计单位应当对其编制的造价文件的质量负责,做好前后阶段的造价对比,重点加强对设计概算超投资估算、施工图预算超设计概算等的预控。

第十三条 施工单位应当按照合同约定,编制工程计量与支付、工程结算等造价文件。

第十四条 从事公路工程造价活动的人员应当具备相应的专业技术技能。鼓励从事公路工程造价活动的人员参加继续教育,不断提升职业素质。

从事公路工程造价活动的人员应当对其编制的造价文件的质量和真实性负责。

第十五条 公路工程建设项目立项阶段,投资估算应当按照《公路工程基本建设项目投资估算编制办法》等规定编制。

第十六条 公路工程建设项目设计阶段,设计概算和施工图预算应当按照《公路工程基本建设项目概算预算编制办法》等规定编制。

初步设计概算的静态投资部分不得超过经审批或者核准的投资估算的静态投资部分的110%。

施工图预算不得超过经批准的初步设计概算。

第十七条 公路工程建设项目实行招标的,应当在招标文件中载明工程计量计价事项。

设有标底或者最高投标限价的,标底或者最高投标限价应当根据造价依据并结合市场因素进行编制,并不得超出经批准的设计概算或者施工图预算对应部分。建设单位应当进行标底或者最高投标限价与设计概算或者施工图预算的对比分析,合理控制建设项目造价。

投标报价由投标人根据市场及企业经营状况编制,不得低于工程成本。

第十八条 国家重点公路工程项目和省级人民政府相关部门批准初步设计的公路工程项目的建设单位应当在施工阶段,将施工合同的工程量清单报省级交通运输主管部门备案。

第十九条 勘察设计单位应当保证承担的公路工程建设项目符合国家规定的勘察设计深度要求和勘察设计质量,避免因设计变更发生费用变更。发生设计变更的,建设单位按照有关规定完成审批程序后,合理确定变更费用。

第二十条 在公路工程建设项目建设期内,建设单位应当根据年度工程计划及时编制该项目年度费用预算,并根据工程进度及时编制工程造价管理台账,对工程投资执行情况与经批准的设计概算或者施工图预算进行对比分析。

第二十一条 由于价格上涨、定额调整、征地拆迁、贷款利率调整等因素需要调整设计概算的,应当向原初步设计审批部门申请调整概算。原初步设计审批部门应当进行审查。

未经批准擅自增加建设内容、扩大建设规模、提高建设标准、改变设计方案等造成超概算的,不予调整设计概算。

由于地质条件发生重大变化、设计方案变更等因素造成的设计概算调整,实际投资调增幅度超过静态投资估算10%的,应当报项目可行性研究报告审批或者核准部门调整投资估算后,再由原初步设计审批部门审查调整设计概算;实际投资调增幅度不超过静态投资估算10%的,由原初步设计审批部门直接审查调整设计概算。

第二十二条 公路工程建设项目竣工验收前,建设单位应当编制竣工决算报告及公路工程建设项目造价执行情况报告。审计部门对竣工决算报告提出审计意见和调整要求的,建设单位应当按照要求对竣工决算报告进行调整。

第四章　监督管理

第二十三条　交通运输主管部门应当按照职责权限加强对公路工程造价活动的监督检查。被监督检查的单位和人员应当予以配合,不得妨碍和阻挠依法进行的监督检查活动。

第二十四条　公路工程造价监督检查主要包括以下内容:

(一)相关单位对公路工程造价管理法律、法规、规章、制度以及公路工程造价依据的执行情况;

(二)各阶段造价文件编制、审查、审批、备案以及对批复意见的落实情况;

(三)建设单位工程造价管理台账和计量支付制度的建立与执行、造价全过程管理与控制情况;

(四)设计变更原因及费用变更情况;

(五)建设单位对项目造价信息的收集、分析及报送情况;

(六)从事公路工程造价活动的单位和人员的信用情况;

(七)其他相关事项。

第二十五条　省级以上交通运输主管部门组织对从事公路工程造价活动的人员和造价咨询企业的信用情况进行监管,纳入统一的公路建设市场监管体系。

第二十六条　交通运输主管部门应当按照国家有关规定,及时公开公路工程造价相关信息,并接受社会监督。

交通运输部建立公路工程造价信息化标准体系,建立部级公路工程造价信息平台。

省级交通运输主管部门建立省级公路工程造价信息平台,并与部级公路工程造价信息平台实现互联互通和信息共享。

公路工程造价信息公开应当严格审核,遵守信息安全管理规定,不得侵犯相关单位和个人的合法权益。

第二十七条　交通运输主管部门应当对公路工程造价信息及公路工程建设项目造价执行情况进行动态跟踪、分析评估,为造价依据调整和造价监督提供支撑。

第二十八条　交通运输主管部门应当将监督检查活动中发现的问题及时向相关单位和人员通报,责令其限期整改。监督检查结果应当纳入公路建设市场监管体系。

第五章　附　　则

第二十九条　公路养护工程可以根据作业类别和规模参照本办法执行。

第三十条　本办法自2016年11月1日起施行。